职业教育·道路运输类专业教材

Gonglu Gongcheng Jingji

公路工程经济

（第2版）

付淑芳　郄彦龙　主　编
沈红云　董　蕊　副主编
杜建华　主　审

人民交通出版社股份有限公司
北　京

内 容 提 要

本书为职业教育·道路运输类专业教材。全书分为七章,主要介绍了公路工程经济静态分析方法、经济动态分析方法、公路工程项目效益费用分析、敏感性分析与风险分析以及公路工程规划、设计、施工中的技术经济分析方法。

本书可作为高等职业院校道路与桥梁工程技术、道路养护与管理、公路工程造价等专业教材,也可供路桥工程技术人员和管理人员学习参考。

本书有配套课件,教师可通过加入"职教路桥教学研讨 QQ 群"(QQ:561416324)**获取。**

图书在版编目(CIP)数据

公路工程经济 / 付淑芳,郄彦龙主编. —2版. —北京:人民交通出版社股份有限公司, 2021.11

ISBN 978-7-114-16234-3

Ⅰ.①公… Ⅱ.①付… Ⅲ.①道路工程—工程经济—高等职业教育—教材 Ⅳ.①F540.3

中国版本图书馆 CIP 数据核字(2020)第 009316 号

职业教育·道路运输类专业教材

书　　名:公路工程经济(第 2 版)
著 作 者:付淑芳　郄彦龙
责任编辑:任雪莲
责任校对:孙国靖　宋佳时
责任印制:刘高彤
出版发行:人民交通出版社股份有限公司
地　　址:(100011)北京市朝阳区安定门外外馆斜街 3 号
网　　址:http://www.ccpcl.com.cn
销售电话:(010)59757973
总 经 销:人民交通出版社股份有限公司发行部
经　　销:各地新华书店
印　　刷:北京印匠彩色印刷有限公司
开　　本:787×1092　1/16
印　　张:8.5
字　　数:199 千
版　　次:2005 年 7 月　第 1 版
2021 年 11 月　第 2 版
印　　次:2024 年 6 月　第 2 版　第 4 次印刷　总第 18 次印刷
书　　号:ISBN 978-7-114-16234-3
定　　价:28.00 元
(有印刷、装订质量问题的图书由本公司负责调换)

前　言

本教材第一版于2005年7月出版，由河北交通职业技术学院田平主编。该教材历经十几年的使用，得到全国众多院校的一致认可与好评。随着职业教育改革的不断深化，为了更好地满足教学需要，编者对教材内容进行了更新。

本次教材修订保持原有框架不变，内容包括绪论、公路工程经济静态分析、公路工程经济动态分析、公路工程项目效益费用分析、敏感性分析与风险分析、公路建设项目经济评价案例以及公路工程设计、施工中的技术经济分析，共七章。

本教材严格按照高等职业教育《公路工程经济》课程标准编写。各章节内容紧扣主题，深浅适宜，在公路工程技术经济分析理论的基础上对公路工程项目规划、设计、施工中的技术经济分析分别进行了介绍，并配以示例分析，较好地将理论与应用相结合，符合高职高专层次教学特点。

参加本教材编写工作的有：河北交通职业技术学院董蕊（编写第一章），河北交通职业技术学院沈红云（编写第二章），河北交通职业技术学院付淑芳（编写第三、四、五章），唐山市地方道路管理中心刘玉庆（编写第六章），石家庄市交建高速公路管理有限公司平赞分公司郄彦龙（编写第七章）。全书由付淑芳、郄彦龙担任主编，沈红云、董蕊担任副主编，石家庄铁路职业技术学院杜建华担任主审。

本教材在编写过程中得到河北交通职业技术学院田平老师和人民交通出版社股份有限公司的大力支持，同时参考了许多专家学者的相关著述，在此向他们表示最真诚的谢意。

限于编者的能力和水平,书中难免有疏漏之处,欢迎各位同仁多提宝贵意见,以使本书更加完善。

编　者
2020 年 12 月

目 录

Contents

第一章
CHAPTER ONE
绪　论

1. 了解公路工程经济的研究范畴。
2. 了解公路工程经济的基本内容。
3. 了解公路工程经济的学科特点及其相邻学科。
4. 掌握研究公路工程经济的目的和方法。

第一节　公路工程经济的内容与研究范畴

一、技术与经济

1. 技术与经济的概念

为了讨论公路工程经济学科的研究范畴,我们必须对技术与经济有明确的概念。

通俗地讲,技术是指人类在利用自然和改造自然过程中所运用的知识、经验、手段和方法。更广义地理解,技术还包括解决社会问题的方法、手段和知识等。因为人们在生产过程中积累起来的知识、经验、操作技能是不断提高的,所使用的生产工具、劳动手段也是不断改进的,所以技术是不断发展和进步的。技术不同于科学,它是科学的应用。

经济一词有多种含义,但在经济分析中主要指两种含义:一是指社会的物质生产和再生产活动,基本上泛指社会生产、交换、分配和消费各环节;二是指费用节约,即用较少的人力、物力、时间获得较多的生产成果,或者说是为了达到一定的目的而合理选择和有效利用有限的资源。

2. 技术与经济的关系

技术和经济是相互联系、相互制约、相互促进的。任何技术实践都离不开经济背景,任何新技术的产生都是由经济上的需要而引起的,而技术的发展又常常受到经济条件的制约。任何技术方案的选择,不仅要考虑其技术上的先进性和可行性,而且必须考虑经济上的合理性和可能性;反之,技术进步又会促进经济的发展。事实上,经济的发展在很大程度上往往要依赖先进技术的应用。总之,技术与经济既相互促进,又相互制约,两者不可分割。

任何工程活动都涉及技术与经济两方面的问题,而且,所有成功的工程活动,无一不是在当时条件下较好地处理了技术与经济的关系,使二者在具体的工程活动中得到有机的高度统一。因此,作为一名工程技术人员,即使其从事的是单纯的技术工作,也不仅要精通专业技术,而且应具备较完备的经济知识,只有这样才能在工作中处理好技术与经济的关系,使自己完成的工程实现使用价值和价值的统一,使自己所做的工程决策科学合理。

二、公路工程经济的研究范畴

公路工程是指以公路为对象而进行的规划、设计、施工、养护与管理工作的全过程及其所从事的工程实体。公路工程经济就是对公路工程进行经济分析,确切地说,是以系统分析和定量分析为手段,辅之以定性分析,研究如何在一项工程活动中,综合运用工程技术和经济学原理,使投入工程项目的资金发挥最大经济效果。其目的是在揭示工程项目的经济特征的基础上,做出正确的项目决策,以确保资源得到合理使用,最大限度地发挥资源的作用,并取得满意的经济效果。

工程经济分析是工程活动中一项极其重要的工作内容,是技术知识与经济知识在工程项目上的具体运用。同时,工程经济分析作为一种科学方法,可以广泛应用于各项工程活动中,不仅可以帮助投资者做出投资决策,而且可以帮助工程技术人员选择设计方案、施工方案、资源配置方案、公路收费方案和养护方案等,还可以帮助施工单位选择投标项目、制订投标方案,帮助监理工程师制订和选择监理方案及分析监理工作中各类问题的处理方案。总之,工程经济分析在工程项目的各项工作中有着广泛的应用价值,具有极其重要的作用。可以说,现代工程决策取决和依赖于工程经济分析这一有效的方法。

对于公路建设项目来说,工程经济所研究的主要问题可概括如下:

(1)在资源有限的情况下,究竟应为哪些公路提供资金,也就是如何合理地配置资源。

(2)应怎样选择最有利的筹资方案或资金使用方案。

(3)筛选最佳设计方案、施工方案或施工组织方案。

(4)分析方案(公路施工投标中报价方案)的风险性大小,并做出选择。

(5)从经济的角度评价和完善公路建设中的各项技术政策、技术措施和技术方案(如公路施工方案)。

(6)从整个国民经济的角度出发,分析和鉴定一个公路建设项目对整个国民经济体系的影响。

第二节 公路工程经济的基本内容

对公路工程经济这一新学科,目前还没有统一的内容划分方法。本书根据技术与经济的关系特点以及公路工程建设的需要,设置了如下六部分内容,分别对应第二章~第七章。

第二章:公路工程经济静态分析

经济静态分析方法是观测和评价项目某一时点经济状况的一种方法。它基于对某一项目历史和现状的观测和计算,可以对企业的效益状况进行分析评价,包括静态投资回收期、投资效果系数等计算指标,以及不确定性分析法中的盈亏平衡分析;另外,本章还讨论了不考虑资金时间价值时的多方案比选方法。

第三章:公路工程经济动态分析

经济动态分析方法是工程经济分析中的核心方法,本章主要介绍资金的时间价值、现金流量等概念,并在复利分析的基础上讲述各种情况下资金时间价值的等值换算原理,同时介绍动态经济分析的各种方法以及寿命不同方案的评价计算,为公路建设项目的经济评价和方案选择奠定基础。

第四章:公路工程项目效益费用分析

国民经济评价又叫效益费用分析,同时,财务评价也要从财务的角度进行成本效益分析,因此本部分内容包括国民经济评价与财务评价的概念、区别以及国民经济评价与财务评价的基本评价指标与评价准则,国民经济评价理论,公路工程国民经济评价中的效益、费用计算。

第五章:敏感性分析与风险分析

项目评价工作中,大量计算分析所用的数据都来自预测和估计。现实生活中,由于客观条件及有关因素的变动和主观预测能力的局限,投资项目的实施结果(投资效果和经济效果等)不一定符合评估人员原来所做的预测和估计,所以无论采用哪种方法所做的项目评价,总是带有一些不确定的因素,不确定因素的作用超过一定程度时,就会给所评估的项目带来风险。一般来说,不确定因素和风险存在是不可避免的,因此,对项目进行经济分析的同时,还要进行敏感性分析与风险分析,以增加预测和决策的准确性。

第六章:公路建设项目经济评价案例

某一公路工程项目能否实施,取决于对拟建项目在市场、社会、技术、经济、环境、风险等方面的分析评价结果。因此,在可行性研究阶段就需要对拟建项目进行多方面评价。本章通过具体的公路工程经济评价案例展示了前面章节所讲知识在公路工程项目可行性研究中经济评价方面的综合应用。

第七章:公路工程项目设计、施工中的技术经济分析

公路工程项目设计方案的选择有赖于对多个方案进行详细的技术经济分析,本章介绍了设计方案技术经济分析的多个分析方法。

施工中的技术经济分析对施工组织设计的技术经济分析与施工费用分析分别做了介绍。对施工组织设计进行技术经济分析的目的是论证所编制的施工组织设计在技术上是否可行、在经济上是否合理,从而选择满意的方案,并寻求节约的途径。在施工中进行费用分析,可以加强对施工费用的管理和控制,及时纠正偏差,使施工朝着预定的目标进行。

第三节 公路工程经济的特点及相邻学科

一、公路工程经济学科的特点

公路工程经济是一门将公路工程技术与经济规律相结合的新学科,该学科具体来讲有以下特点。

1. 立体性

一方面,公路工程经济是工程技术、经济学与管理学相互渗透并在它们边缘上发展起来的结合体。在实际工作中,为了对一项工作进行经济分析,我们不仅要考虑工程的技术特性,还要全面、辩证地考虑经济因素和其他社会因素以及人的因素。比如,在进行公路工程可行性研究中,要用到技术知识、自然知识、规划知识、社会科学、人文科学、经济学、环境保护学、运筹学等多方面的知识。

另一方面,公路工程经济研究的范围涉及工程建设的决策、设计、施工、竣工验收、运营管理等整个寿命周期的全过程。在建设的各个阶段,应通过技术经济分析论证评选出最优方案,达到技术工作经济化的目的。

所以说,公路工程经济是一门立体性学科。

2. 实用性

公路工程经济主要研究公路工程建设领域中技术工作的经济问题以及处理这些经济问题的方法和技术手段。公路工程经济中的科学理论来源于实践,又用于指导实践,具有很强的实用性。

3. 定量性

公路工程经济分析在分析过程中以定量分析为主,定性分析为辅。经济分析的根本要求是对项目建设和生产过程中的经济活动提出明确的数量要求,并进行价值判断。一切工艺技术方案、工程方案、环境方案的优劣都应尽可能通过计算指标将隐含的经济价值揭示出来,对于实在无法量化的经济要素辅以定性说明。

4. 比较性

公路工程经济研究的不是技术的改进和创新,也不是经济原理的追寻和探索,而是在现有技术条件的基础上,运用已知的较成熟的经济原理对工程建设各阶段进行多方案比较,从中选出技术可行、经济合理的最佳方案。

5. 预测性

公路工程经济分析是在一项工程活动之前进行的,具有预测性。它通过多种科学手段对将要发生的工程活动进行预测,力图与实际尽可能接近。但预测是无法完全与实际一致的。所以在经济分析中还要进行不确定性分析,找到敏感性因素和风险较大因素,分析其发生的概率和变化范围，以及由此引起的经济分析效果的改变，以更好地把握实际活动。

二、公路工程经济的相邻学科

根据公路工程经济学科的特点，以下对公路工程经济的相邻学科进行简要介绍。

1. 公路工程学

这里所说的公路工程学是指公路工程专业各学科的统称。这些学科是研究公路工程技术特性的学科，可统称为公路工程方面的“硬科学”。这些“硬科学”是形成公路工程经济的基础，脱离公路工程学的理论和方法去研究公路工程经济，必然无的放矢。很难想象，一个根本不懂公路路线线形标准的人，能够提出一个技术上可行、路线走向最佳的路线设计方案。可见，我们在讨论经济问题时，必须紧密结合具体的工程技术问题，否则就无法深入。

2. 工程经济学

工程经济学又称成本效益分析，这是研究如何使工程技术方案（或投资项目）取得最佳经济效果的一种科学的评价体系。它在讨论工程的经济特性时，首先是将工程技术方案转化为相应的投资方案，然后用动态的方法、全过程的观点和系统工程的观点，对每个投资方案做出评价，据此决定方案的优劣。工程经济学是一种科学的方法论，是公路工程经济的“软科学”基础。

3. 工程造价学

公路工程造价包括投资估算、概算、修正概算、预算、标底计算、结算、决算，贯穿于公路工程整个建设过程，是技术活动定量化、价值化的基础。

4. 现代管理科学

现代管理科学的内容包括行为科学、人体工程学、系统工程学、运筹学、预测学、质量控制技术、价值工程工作研究等。

公路工程经济中的技术经济分析包括对组织管理效果的经济分析，如施工组织设计的技术经济分析；还包括运用管理科学知识进行技术经济分析，如方案设计是否符合以人为本的理念，施工中能否较好地协调人际关系等。所以进行公路工程经济分析必须具备现代管理科学的基础知识。

第四节　学习公路工程经济的目的和方法

一、目的

随着我国交通事业的发展，需要大批既精通公路工程技术又精通经济的人才。但是，长期以来，传统的公路工程相关专业在课程设置上基本是以“硬科学”为主，缺乏“软科学”方面的课程，结果培养了大批只懂技术，而经济知识相对缺乏的工科毕业生。他们走上工程技术岗位之后,由于缺少经济知识和经济头脑,所以在工作中或者对经济性问题不够关心,或者因缺乏必要的经济分析和评价知识而难以处理经济问题,不能适应现代化建设的需要。

实践证明,要进行建设,就必须把技术因素和经济因素结合起来加以研究和运用。决策人员不懂技术和经济,或技术人员缺乏经济头脑,决策人员缺乏工程技术知识都是造成工程决策失误的重要原因。新中国成立七十多年来,工程建设中大量经验和教训都说明了加强工程经济分析的重要性和必要性、培养和加强工程技术人员进行工程经济分析能力的紧迫性。

二、方法

1.调查研究

调查研究是进行技术经济计算、分析、比较、评价的基础和前提。通过调查研究,收集各种有关的资料和数据,并通过分析与整理,弄清每个技术方案(或课题)的有关技术因素及各有关因素之间的关系。在调查研究的过程中应密切注意以下几点。

(1)坚持理论联系实际

实践是检验真理的唯一标准。本课程的产生和发展来自实践,是一门实践性很强的学科。要求做到理论与工程实际紧密结合,既要关注理论应用于工程项目的共性,又要关注某个特定工程项目所具有的个性,灵活运用所学知识。

(2)坚持系统的观点

一个或几个工程项目往往不是孤立存在的,而是有机联系的整体,它们都是某个部门或某个行业的组成部分。例如,公路工程项目是公路运输业的组成部分,公路运输业又是交通运输业的组成部分,交通运输与国民经济又是息息相关的。交通运输业总体而言是一个包含铁路、公路、水运、航空、管道5种运输方式的大系统,每一种运输方式都是这个大系统中的一个子系统。社会物质生产和劳动分工不断发展使生产在各级水平上的空间、时间联系复杂化,所以,各种运输方式要密切配合、相互促进。那么,对属于公路运输的工程项目而言就不能不从全局出发考虑问题,明确本项目在全局中所处的地位和作用。

(3)善于灵活应用

本课程的理论和方法具有普遍意义,但不可能完全反映公路工程的所有特征,这就要求读者做到吃透理论,灵活应用。

(4)善于运用相邻学科知识,学习国外先进经验

为了更好地学好本课程,应具有一定深度和广度的基础和专业知识,如数学、经济学、统计学、法学、预测学、运筹学、系统工程及计算机技术等。

此外,应经常注意关心国内外的经济信息,关心国家的各项方针政策,特别是关于经济方面的政策。

2.计算分析

计算分析是在调查研究的基础上,对调查研究阶段所获得的资料、数据进行计算分析,找出各相关因素之间的关系,并建立数学模型,做定量计算和定性分析。在计算分析过程中,鉴别和揭示各种矛盾,使问题的研究进一步深化。

3. 综合评价和系统选优

根据前阶段的计算和分析，将各种效果因素及决策评价综合起来进行权衡，再根据系统选优的要求，组合、调整各因素与各局部的技术经济指标，并结合定性和定量分析，对各种方案做出综合评价，最后选择理想方案。

本章小结

公路工程经济是应实际需要发展起来的一门较新的学科，是公路技术与经济知识相结合的产物。为增强读者对这门学科的认识，为学好后面的知识打下基础，本章开门见山地从该学科的研究内容、作用、特点及学习方法等方面做了详细介绍。简言之，公路工程经济就是应用经济理论对公路工程进行经济分析，达到技术与经济的紧密结合，从而达到节约建设资金的目的。相关的经济理论包括静态经济分析方法、动态经济分析方法、敏感性分析与风险分析、效益费用分析（国民经济评价与财务评价），以及公路设计、施工中的技术经济分析方法。在学习中应针对实际灵活应用所学知识。

1. 公路工程经济的研究范畴是什么？
2. 公路工程经济研究的具体内容有哪些？
3. 为什么要对公路工程进行经济分析？
4. 公路工程经济有哪些相邻学科？各自有什么特点？
5. 怎样学好公路工程经济？

第二章 CHAPTER TWO 公路工程经济静态分析

1. 熟悉经济静态分析的方法。
2. 掌握盈亏平衡分析的方法。
3. 掌握工程经济方案的静态分析比选方法。

在涉及工程经济问题时,首先要研究的是技术经济的分析方法。按照分析中是否涉及时间因素,经济分析方法分为静态分析方法和动态分析方法。动态分析方法将在第三章进行讲解,本章重点讲解静态分析方法。经济静态分析方法是观测和评价事物某一时点经济状况的一种方法,未考虑时间因素带来的误差。根据这一特点,本章介绍了实际中常用的投资回收期法和投资效果系数法两种静态分析的方法以及不确定性分析中的盈亏平衡分析法,用以研究方案的可行性,并对不考虑资金时间价值的方案比选方法进行了讨论。

第一节 工程经济静态分析的方法

一、静态投资回收期法

投资回收期也称投资返本期或投资偿还年限,就是从项目投建之日起,用项目各年净收入将全部投资收回所需年限,通常以年数表示。静态投资回收期可以按达产后年均净收入或按累计净收入进行计算。其计算式为:

$$\sum_{t=0}^{T_{\mathrm{p}}} \mathrm{NB}_t = \sum_{t=0}^{T_{\mathrm{p}}} (B_t - C_t) = K \tag{2-1}$$

式中:K——投资总额;

B_t——第 t 年的收入;

C_t——第 t 年的支出(不包括投资);

NB_t——第 t 年的净收入,$\mathrm{NB}_t = B_t - C_t$;

T_p——投资回收期。

1. 按达产后年均净收入计算

如果项目是一次性投资,建设期比较短,投产后每年的净收入均相等,则投资回收期计算公式为:

$$T_p = \frac{K}{M} \tag{2-2}$$

式中:M——每年净收入,即 NB_t;

其余符号意义同前。

【例 2-1】 某工程项目一次性投资总额 690 万元。投产后,该厂的年销售收入是 1300 万元,年产品经营成本总额 940 万元,营业税金为销售收入的 10%。试求该工程项目的静态投资回收期。

解: 已知 $K = 690$(万元),$M = 1300 - 940 - 1300 \times 10\% = 230$(万元)

代入式(2-2)得:

$$T_p = \frac{K}{M} = \frac{690}{230} = 3(\text{年})$$

结论: 该工程项目 3 年就能收回全部投资,每年为国家缴纳 130 万元税收。

2. 按累计净收入计算

按累计净收入计算是指按项目正式投资之日起,累计净收入总额达到投资总额之日止所需的时间。此方法适用于不能一步达到设计生产能力,且年净收入不等的项目。计算公式为:

$$T_p = T - 1 + \frac{\text{第 } T-1 \text{ 年累计净现金流量的绝对值}}{\text{第 } T \text{ 年的净现金流量}} \tag{2-3}$$

式中:T——项目累计净现金流量开始出现正值或 0 的年份;

其余符号意义同前。

项目是否可行的判别准则:设基准投资回收期为 T_0(公路工程项目的基准回收期为 7~10 年),则:

$T_p \leq T_0$,项目可行;

$T_p > T_0$,项目不可行。

【例 2-2】 某项目的投资及年净收入见表 2-1,计算其投资回收期。

某项目的投资及年净收入表(单位:万元) 表 2-1

项　目	0 年	1 年	2 年	3 年	4 年	5 年	6 年	7 年	8 年	9 年	10 年	合计
(1)固定资产投资	180	260	80	—	—	—	—	—	—	—	—	520
(2)流动资金	—	—	250	—	—	—	—	—	—	—	—	250
(3)总投资(1)+(2)	180	260	330	—	—	—	—	—	—	—	—	770
(4)现金流入	—	—	—	300	400	500	500	500	500	500	500	3700
(5)现金流出	180	260	330	250	300	350	350	350	350	350	350	3420
(6)净现金流量(4)-(5)	-180	-260	-330	50	100	150	150	150	150	150	150	280
(7)累计净现金流量	-180	-440	-770	-720	-620	-470	-320	-170	-20	130	280	—

解:根据表2-1的计算及公式得

$$T_p = 9 - 1 + \frac{20}{150} = 8.13(年)$$

投资回收期指标的优点是:概念清晰,经济含义明确,方法简单实用,不仅能在一定程度上反映项目的经济性,而且能反映项目的风险大小,能提供一个未收回投资前承担风险的时间。

投资回收期指标的缺点是:未反映资金的时间价值,由于舍弃了投资回收期以后收入支出数据,不能全面反映项目在寿命期内的真实效益,难以对不同方案的比较选择做出正确判断。

投资回收期作为能够在一定程度上反映项目经济性和风险性的评价指标,在项目经济评价中具有独特的地位和作用,并被广泛用作项目评价的辅助性指标。

二、投资效果系数法

投资效果系数,又称投资利润率或投资收益率,它与静态投资回收期互为倒数,是指固定资产投资活动所取得的有效成果与进行固定资产投资活动所消耗或所占用的劳动量(人力、物力、财力)之间的对比关系,即固定资产投资的"所得"与"所费"之间的对比关系。"所得"不仅表现在建设过程中,也反映在建成投产以后的生产过程中。因此,分析和考核投资经济效果时,有些指标也要考虑到建成投产后生产过程中所取得的有效成果。其表达式为:

$$E = \frac{M}{K} \tag{2-4}$$

式中:E——投资效果系数;

其余符号意义同前。

为了准确地评价投资效果系数,选择一个有代表性的正常年份十分重要。

【例2-3】 某建设项目,建设费用和流动资金共计1900万元,建成投产后正常年份的年收益为500万元。求其投资效果系数。

解:由式(2-4)得

$$E = \frac{500}{1900} = 0.263$$

项目是否可行的判别准则:

设基准投资效果系数为E_0(公路工程项目的基准投资效果系数为10% ~15%)。

$E \geqslant E_0$,项目可行;

$E < E_0$,项目不可行。

投资效果系数表示所得收益和投资支出之间的关系,系数越大,经济效益越好。在国外,如果E值大于金融市场所通行的利率,则认为这个项目是可行的。该方法的最大优点是计算简便,但也有其缺点:

(1)它是一种求得近似判别标准的方法,因为它仅仅根据一年的数据而未考虑该项目寿命期内的其他年度。

(2)在一个项目的整个寿命期内,选择有代表性的正常年份是比较困难的。

(3)这种方法没有考虑项目寿命期内现金流量的时间因素。

第二节 盈亏平衡分析法

盈亏平衡分析也叫收支平衡分析、量本利分析、损益分析,是在一定的市场、生产能力的条件下,研究拟建项目成本与效益平衡关系的方法。其目的是寻找投资方案的盈亏平衡点,即通过分析产品产量、成本与盈利能力之间的关系,找出投资项目盈利与亏损在产量、产品价格、单位产品成本等方面的界限,以判断生产经营状况的盈亏及投资项目对不确定因素变化的承受能力,为决策提供依据。盈亏平衡分析法常用于财务评价,是不确定性分析方法中的一种。不确定性分析就是帮助我们分析带有不确定性因素的投资方案,分析各种可能的影响因素及其对方案实施结果的影响程度,在第五章将对其概念作详细介绍。

根据生产成本及销售收入与产量(销售量)之间是否呈线性关系,盈亏平衡分析又可进一步分为线性盈亏平衡分析和非线性盈亏平衡分析。

一、线性盈亏平衡分析

产品成本按其与产量的关系分为可变成本、固定成本和半可变(或半固定)成本。在产品总成本中,有一部分费用随产量的增减而变化,称为可变成本,生产用的原料和材料费用一般都属于可变成本。另一部分费用与产量的多少无关,称为固定成本,如固定资产折旧费、行政管理费用等。还有一些费用,虽然也随着产量增减而变化,但并不成比例变化,称为半可变(半固定)成本,如维护费、不能熄火的工业炉的燃料费用(不论是否生产均需支付一定的维护费用和维持一定炉温的燃料费用,但当产量增加时,这些费用亦将随之增加)。财务分析中,通常将半可变成本进一步分解为可变成本与固定成本。因此,产品总成本最终要划分为可变成本和固定成本。固定成本用 y' 表示,单位产品可变成本用 y'' 表示,则产量(销售量)为 Q 时的总成本为:

$$C(x) = y' + y''Q \tag{2-5}$$

该函数所对应的图线为线性成本函数曲线,如图 2-1 所示。

生产的产品若以单价 P 出售,则 Q 个产品的总收入为:

$$F(x) = PQ \tag{2-6}$$

式中:$F(x)$——总收入。

该函数所对应的图线为线性收入函数曲线,如图 2-2 所示。

观察这一经济活动的盈亏,就要引入利润:

$$E(x) = F(x) - C(x) \tag{2-7}$$

式中:$E(x)$——利润。

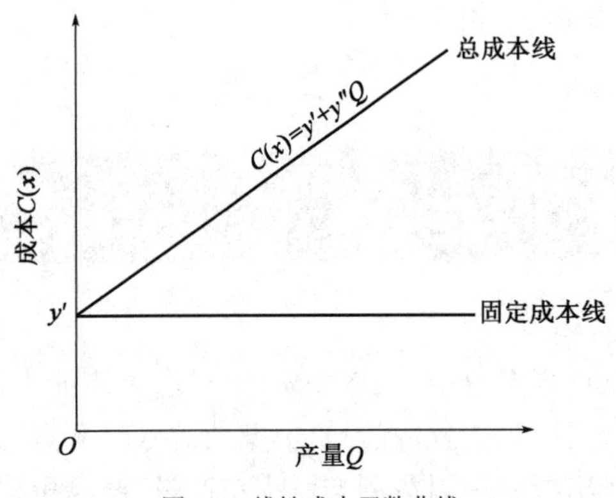

图 2-1　线性成本函数曲线

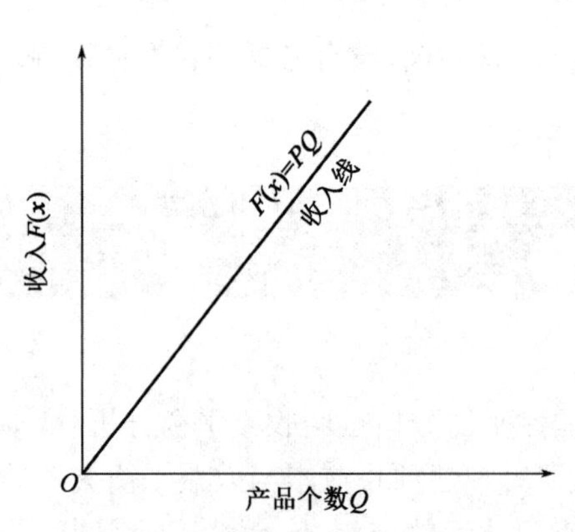

图 2-2　线性收入函数曲线

将式(2-5)、式(2-6)代入式(2-7)可得：

$$E(x) = PQ - y' - y''Q = (P - y'')Q - y' \tag{2-8}$$

由上式分析可看出：若 $P = y''$，一般要亏损，净亏的是固定成本；若 $P < y''$，则除了固定成本会亏损以外，可变成本也要亏损一部分，即每生产一单位产品还要亏损 $P - y''$，产量越大亏损越大；若 $P > y''$，收入减去可变成本后还要大于固定成本才有盈利。

进一步分析得出：$(P - y'')Q > y'$ 时盈利，$(P - y'')Q = y'$ 时不亏不盈，$(P - y'')Q < y'$ 时亏损。

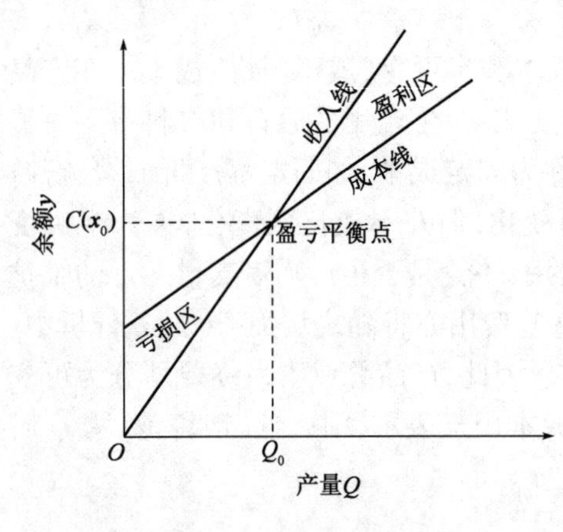

图 2-3　线性盈亏平衡分析

当 $E(x) = 0$ 时，也就是说利润为零时，产量应为：

$$Q_0 = \frac{y'}{P - y''} \tag{2-9}$$

式中：Q_0——盈亏平衡点产量。

如图 2-3 所示，盈亏平衡点产量正是成本线、收入线两直线交点的横坐标。

【例 2-4】　某工厂建设方案实现以后，生产一种产品，单位产品的可变成本为 60 元，单位售价为 150 元，年固定成本为 120 万元。该工厂最低年产量应是多少？如果产品产量达到设计能力 30000 件，那么每年获利是多少？假如再扩建一条生产线，每年增加固定成本 40 万元，但可降低单位可变成本 30 元，市场产品售价下降 10%，每年获利又是多少？

解：(1)求盈亏平衡点的临界产销量 Q_0。

已知：固定成本 $y' = 120$ 万元

单位可变成本 $y'' = 60$ 元

单位售价 $P = 150$ 元

由式(2-9)得：

$$Q_0 = \frac{y'}{P - y''} = \frac{1200000}{150 - 60} \approx 13333(\text{件})$$

即工厂最低年产量应为 13333 件。

(2)求达到年设计生产能力 30000 件时年利润 $E(x)$。

由式(2-8)得:

$$E(x) = (P - y'')Q - y'$$

$$E(x) = (150 - 60) \times 30000 - 1200000 = 150(\text{万元})$$

即工厂产品产量达到年设计生产能力时可获年利润 150 万元。

(3)求扩建一条生产线后的年利润 $E(x)$。

由题意可知,扩建一条生产线后,各项数据变化如下:

固定成本 $y' = 120 + 40 = 160$(万元)

单位可变成本 $y'' = 60 - 30 = 30$(元)

单位售价 $P = 150 \times (1 - 10\%) = 135$(元)

产量 $Q = 30000 \times 2 = 60000$(件)

由式(2-8)得:

$$E(x) = (P - y'')Q - y' = (135 - 30) \times 60000 - 1600000 = 470(\text{万元})$$

即扩建后可获年利润 470 万元。

二、非线性盈亏平衡分析

上述直线型盈亏平衡分析是在假定单位产品的销售价格和变动成本保持一个确定量值的前提下进行的,但是,市场供求关系的变化、产品生命周期所处的阶段的变化等原因使构成产品成本中的可变成本和产品的销售价格呈现非线性变化,导致生产总成本和销售收入的非线性变化。因而,生产成本和销售收入曲线将如图 2-4 所示。

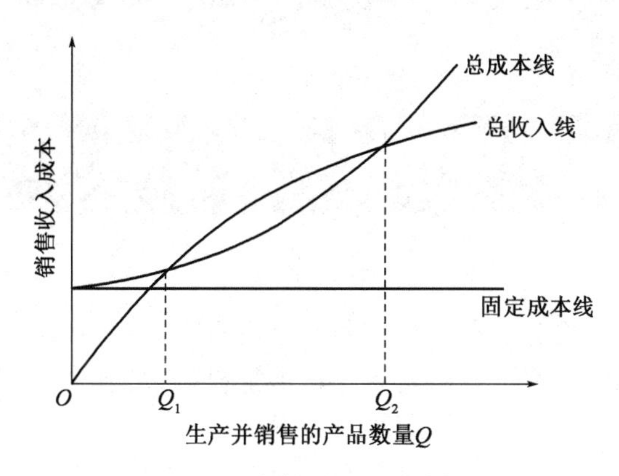

图 2-4 非线性盈亏平衡分析

由图 2-4 可以看出,此时盈亏平衡点将出现两个,即 Q_1 和 Q_2。当生产并销售的产品数量 $Q < Q_1$ 且 $Q > Q_2$ 时,将出现亏损。当生产并销售的产品数量 $Q_1 < Q < Q_2$ 时,才会有盈利。在该区间内,存在一个使盈利达到最大值的生产并销售的数量,该值称为规模经济产量。

当求出了盈亏平衡点后,就可以进行投资方案抗风险能力分析了。产量只有在盈利区范围内的方案才是可行的。考虑到投资方案实施过程中将会受到各种不确定性因素的影响,有时会使方案处于亏损区,且盈亏平衡点离生产能力越靠近,亏损可能性就越大。因此,生产经营时的产量离盈亏平衡点越远,方案就越安全,抗风险能力就越强;离盈亏平衡点越近,方案就越不安全,抗风险能力就越差。

【例 2-5】 某投资方案的销售收入函数为 $F = 100Q - 0.001Q^2$,生产成本函数为 $C = 0.005Q^2 + 4Q + 200000$。当计划生产 12000 件产品时,其盈亏情况如何?该方案的盈亏平衡点和最大利润是多少?

解:此时,利润 = 销售收入 - 成本,即

$$F - C = 100Q - 0.001Q^2 - (0.005Q^2 + 4Q + 200000)$$
$$= -0.006Q^2 + 96Q - 200000$$

将 $Q = 12000$ 件代入上式,即可得到此时的利润额:

$$利润 = -0.006 \times 12000^2 + 96 \times 12000 - 200000 = 88000(元)$$

即当计划生产 12000 件时,其利润额为 88000 元。

当利润等于 0 时,方案达到盈亏平衡,因而有:

$$-0.006Q^2 + 96Q - 200000 = 0$$

解上式,即可得盈亏平衡点产量 $Q_1 = 2467$(件),$Q_2 = 13533$(件)。

令 $E(Q)$ 表示利润,则根据上述计算过程,可知

$$E(Q) = -0.006Q^2 + 96Q - 200000$$

利润的极值出现在 $\frac{\partial E(Q)}{\partial Q} = 0$ 处,即 $-0.012Q + 96 = 0$

解之,得 $Q = 8000$(件)。

由于 $\frac{\partial^2 E(Q)}{\partial Q^2} = -0.012 < 0$,因此,当 $Q = 8000$ 时,利润为最大,即最大利润为:

$$E(Q)_{\max} = -0.006Q^2 + 96Q - 200000 = -0.006 \times 8000^2 + 96 \times 8000 - 200000 = 184000(元)$$

第三节 工程经济方案的静态比选方法

在现实经济生活中,大部分工程项目有若干个可行方案,这就需要对几个方案进行经济比选,从中选择更经济合理的方案。本节着重通过追加投资效果评价法和盈亏平衡分析法,就多方案的比选进行讨论。

一、追加投资效果评价法

静态投资回收期和投资效果系数两个指标所反映的是工程项目总投资与项目建成后正常生产状况下所获得的利润之间的关系。但利润的取得不仅是总投资的结果,还取决于每年所花费经营费用(成本)的大小。对单一方案的评价,用上述投资回收期或投资收益率的静态计算公式计算,得出的方案静态回收期 T_p 与基准回收期 T_0 相比较,投资效果系数 E 与基准投资效果系数 E_0 相比较,从而得出是否可行的结论。但在决策时,往往需对多个备选方案进行对比,当项目有两个或两个以上方案,需要对其进行经济效果比较时,不仅要分析计算各方案自

身的静态投资回收期或投资效果系数，以判断方案是否可行，而且要在各个可行方案中选出经济效益最好的方案。

在比较两个不同方案时，可能出现两类情况。第一类情况，第一方案的初始投资 K_1 比第二方案的初始投资 K_2 小，而第一方案年净收益 M_1 却比第二方案的年净收益 M_2 大，即 $K_1 < K_2$，而 $M_1 > M_2$；或两方案净收益相同，而投资不同；或两个方案投资相同，而净收益不同。对于上述这类情况，显然容易判断。第二类情况，第一方案的投资和年净收益均大于第二方案的投资和年净收益。对于这种情况就比较难立即判断出哪个方案更好，而这类情况在实际工作中经常遇到。

增加投资往往能获得年净收益增大的好处。例如，采用自动化程度高的设备，意味着设备本身的要求高，技术上先进，投资额将比采用一般设备要高。但是，设备自动化程度高，也会使设备生产率高，产品质量好，废品率低，材料浪费减少，成本降低，操作工人减少，工资成本降低等，因此，使年净收益提高。这就是增大投资获得的好处。投资额较大的方案，年净收益往往也较大，如何比较增加投资以及节约成本的净收益的问题呢？我们可以采用追加投资回收期和追加投资效果系数指标进行分析、比较。

1. 追加投资回收期

追加投资回收期是一个相对的投资效果指标，是指用增额投资所带来的累计净收益增量或年成本累计节约额（两方案年销售收入相同）来计算回收增额投资所需要的年数。计算追加投资回收期公式为：

追加投资回收期 = 投资增额/年净收益差额

即

$$T_a = \frac{K_1 - K_2}{M_1 - M_2} \tag{2-10}$$

当两方案年销售收入相同时，可用成本节约额代替净收益差额，则

$$T_a = \frac{K_1 - K_2}{C_1 - C_2} = \frac{\Delta K}{\Delta C} \tag{2-11}$$

2. 追加投资效果系数

追加投资效果系数是追加投资回收期的倒数，即：

$$E_a = \frac{\Delta M}{\Delta K} = \frac{M_1 - M_2}{K_1 - K_2} \tag{2-12}$$

或

$$E_a = \frac{\Delta C}{\Delta K} = \frac{C_2 - C_1}{K_1 - K_2} \tag{2-13}$$

式中：K_1、K_2——分别为一、二方案的投资额（$K_1 > K_2$）；

M_1、M_2——分别为一、二方案的年净收益（$M_1 > M_2$）；

C_1、C_2——分别为一、二方案的年经营成本（$C_1 < C_2$）。

【例 2-6】 有两个新建车间的方案：第一方案投资 300 万元，年净收益 120 万元；第二方案投资 220 万元，年净收益 100 万元。已知本部门的标准投资回收期为 5 年，应选哪一个方案？

解:根据式(2-11)、式(2-13)可求得追加投资回收期及追加投资效果系数:

$$T_a = \frac{K_1 - K_2}{M_1 - M_2} = \frac{300 - 220}{120 - 100} = 4(年)$$

$$E_a = \frac{M_1 - M_2}{K_1 - K_2} = \frac{120 - 100}{300 - 220} = 0.25$$

求得追加投资回收期或追加投资效果系数值后必须与标准投资回收期 T_0或标准投资效果系数 E_0作比较,才能判断哪个方案经济效果更好。假如,所求得的 $T_a > T_0$ 或 $E_a < E_0$,则投资少的方案是经济效益较好的方案,应选择投资少的方案;反之,则应选择投资多的方案。例 2-6所求得的 T_a(4 年) $< T_0$(5 年),所以应选投资较大的第一方案。

对于多于两个方案的比选,可以用追加投资回收期法进行环比计算,从中选出最优方案。

【例 2-7】 某项目有 3 个技术方案,它们的年销售收入都相同,但投资和年经营成本各不相同。各方案的基本数据见表 2-2。

各方案的基本数据 表 2-2

方案	投资(万元)	年经营成本(万元)
一	100	30
二	132	22
三	156	18

假设 T_0 =5 年,试比较表中 3 个方案的优劣。

解:先取第一、二方案比较。

$$T_a = \frac{K_2 - K_1}{C_1 - C_2} = \frac{132 - 100}{30 - 22} = 4(年) < 5(年)$$

方案二优于方案一,淘汰方案一,将第三方案与第二方案作比较。

$$T_a = \frac{K_3 - K_2}{C_2 - C_3} = \frac{156 - 132}{22 - 18} = 6(年) > 5(年)$$

方案二优于方案三,淘汰方案三。

结论:在 3 个方案中,方案二最好。

【例 2-8】 某项工程建设有两个设计方案:第一方案采用比较先进的技术和设备,投资额为 4000 万元,年成本为 629 万元;第二方案投资为 3000 元,年成本为 900 万元。两个方案的年销售收入均为 1200 万元。试用投资回收期法或投资效果系数法进行方案比选。

解:(1)投资回收期

$$T_{p1} = \frac{4000}{571} = 7(年)$$

$$T_{p2} = \frac{3000}{300} = 10(年)$$

因第一方案的投资额大于第二方案,再计算其追加投资回收期为:

$$T_a = \frac{4000 - 3000}{900 - 629} = 3.69(\text{年})$$

以上计算结果表明,第一方案投资虽比第二方案多,但由于采用比较先进的技术和设备,成本低,利润高,投资回收期短,第一方案优于第二方案。同时,第一方案比第二方案多花的1000万元投资,在3.69年的时间内即可收回,追加投资回收期也较短。从长远来看,第一方案更是明显地优于第二方案。

如果有第三方案、第四方案,一起比较,其投资额与生产成本都不相同,则在满足基准投资回收期要求的基础上,追加投资回收期最短的方案为最优。

(2)投资效果系数

$$E_1 = \frac{1}{7} = 0.14$$

$$E_2 = \frac{1}{10} = 0.10$$

因第一方案的投资额大于第二方案,再计算其追加投资效果系数为:

$$E_a = \frac{1}{3.69} = 0.27$$

由以上计算结果仍然可以得出第一方案优于第二方案。

这里值得注意的是,运用追加投资回收期或追加投资效果系数进行评价时,只能说明两方案中哪个方案经济效果较好,不能说明可行性如何,可能两个都可行,也可能两个都不可行。因此,在使用时,不能用来判断可行与否,如需知道是否可行,可用投资收益率或投资回收期分别进行计算。如果较差方案都可行,那么较好方案肯定是可行的。

二、盈亏平衡分析法

在需要对若干个方案进行比选的情况下,如果存在共同的不确定因素影响这些方案的取舍,则可用盈亏平衡分析法帮助决策。

1.两个方案时的盈亏平衡分析

当有两个可以相互替代的方案,它们的函数取决于一个共同的变量时,如:

方案一的成本 $C(x_1) = f_1(Q)$

方案二的成本 $C(x_2) = f_2(Q)$

式中,Q为两个方案的成本函数的共同变量。根据盈亏平衡点原理,有

$$C(x_1) = C(x_2)$$

即 $$f_1(Q) = f_2(Q)$$

由此可以求得Q值,即为两个方案平衡处的变量值。

【例2-9】 某一个挖土工程,有两个施工方案:一个是人工挖土,单价为5元/m^3;另一个是机械挖土,单价为4元/m^3,但需机械购置费15000元。这两个施工方案适用情况如何?

解:设两个方案共同应该完成的挖土工程量为 Q,则

人工挖土成本 $C(x_1)=5Q$

机械挖土成本 $C(x_2)=4Q+15000$

令 $C(x_1)=C(x_2)$

即 $5Q=4Q+15000$

$$Q=15000\text{m}^3$$

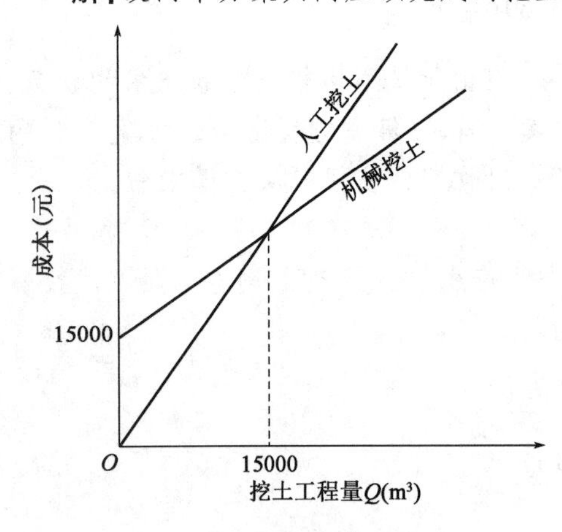

图2-5　人工挖土成本与机械挖土成本

由图2-5可知,挖土工程量大于15000m³时,用机械挖土方案较为合理;当挖土工程量小于15000m³时,用人工挖土更经济。

【例2-10】 某公司有两种机械采用方案,它们的成本见表2-3。

两种方案的成本　　表2-3

方案	机械甲	机械乙
固定成本(元)	1000	3000
每件变动成本(元/件)	2.00	1.00

求:①两方案的交点;②在交点时的成本。

解:①求两方案的交点。

$$Q=\frac{3000-1000}{2-1}=2000(\text{件})$$

②如图2-6所示,当定货量小于2000件时,使用机器甲;当定货量大于2000件时,使用机器乙。采用机器甲或乙的数据代入式中,求得2000件在两线交点时的总成本 $C(x)$:

$$C(x_1)=1000+2\times2000=5000(\text{元})$$
$$C(x_2)=3000+1\times2000=5000(\text{元})$$

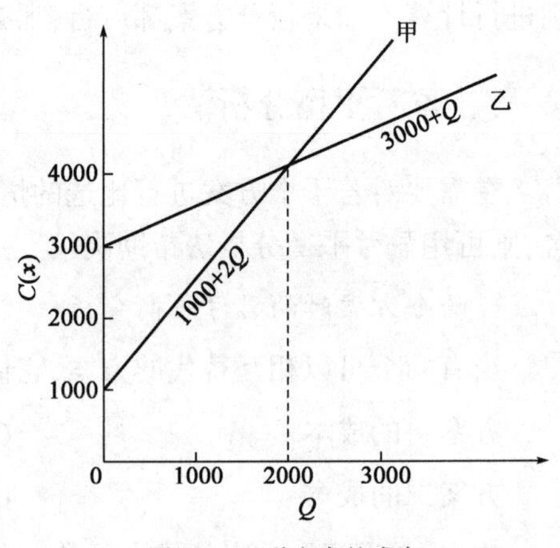

图2-6　两种方案的成本

2. 多个方案时的盈亏平衡分析

仍用设备方案的共同变量,再以共同变量建立每个方案的成本函数方程。如:

$$C(x_1)=f_1(Q)$$
$$C(x_3)=f_3(Q)$$

要对每两个方案进行求解,分别求出两个方案的平衡点数量,然后再进行比较,选择其中最经济的方案。

多方案线性盈亏平衡分析用图解法较为方便,可以定出各方案适宜的范围。

【例2-11】 拟兴建某项目,机械化程度高时投资大,固定成本高,而可变成本低。现有三种方案可供选择,参数见表2-4。

三种方案的参数 表2-4

方案	A	B	C
产品可变成本(元/件)	100	60	40
产品固定成本(元)	1000	2000	3000

解:(1)根据已知条件,设 Q 为预计产量,各方案的产量与成本关系方程式为 $Y = y' + y''$, 则

方案 A: $C(\mathrm{A}) = 1000 + 100Q$

方案 B: $C(\mathrm{B}) = 2000 + 60Q$

方案 C: $C(\mathrm{C}) = 3000 + 40Q$

(2)设方案 A 与方案 B 的成本线交点在横轴上坐标为 Q_{AB},使得

$$C(\mathrm{A}) - C(\mathrm{B}) = 0$$

即

$$1000 + 100Q_{\mathrm{AB}} = 2000 + 60Q_{\mathrm{AB}}$$

解得 $Q_{\mathrm{AB}} = 25$(件)。

(3)设方案 B 与方案 C 的成本线交点在横轴上坐标为 Q_{BC},使得 $C(\mathrm{B}) - C(\mathrm{C}) = 0$,即

$$2000 + 60Q_{\mathrm{BC}} = 3000 + 40Q_{\mathrm{BC}}$$

解得 $Q_{\mathrm{BC}} = 50$(件)。

(4)设方案 A 与方案 C 的成本线交点在横轴上坐标为 Q_{AC},使得 $C(\mathrm{A}) - C(\mathrm{C}) = 0$,即

$$1000 + 100Q_{\mathrm{AC}} = 3000 + 40Q_{\mathrm{AC}}$$

解得 $Q_{\mathrm{AC}} = 33.3$(件)。

从图2-7可以看出,每种生产方式在不同的产量范围内有不同的效果:

(1)当产量小于25件时,A方案成本最低。

(2)当产量介于25件与50件之间时,B方案成本最低。

(3)当产量大于50件时,C方案成本最低。

最后应结合投资和其他条件综合考虑选择可行方案。

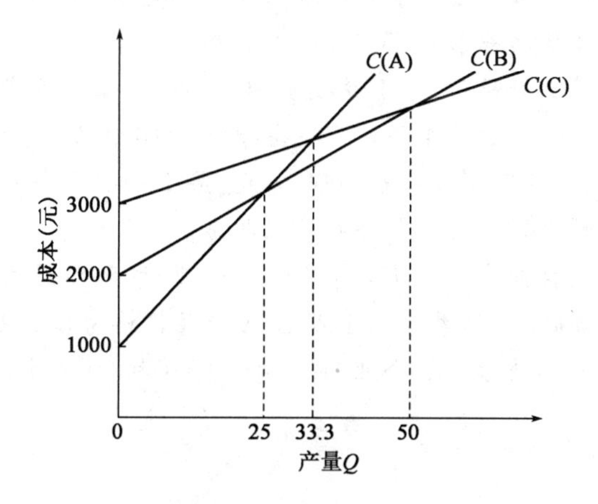

图2-7 兴建某项目的三种方案的成本-产量关系图

本章小结

本章主要介绍了投资回收期法、投资效果系数法等静态分析方法和盈亏平衡分析方法。在使用上,判断方案是否可行,一般用投资效果系数法、投资回收期法和盈亏平衡分析法。比较选择不同投资额的方案时,一般用追加投资回收期法、追加投资效果系数法和多方案平衡点法。以上经济分析法具有计算简便的优点,因此对投资项目方案进行粗略评价,不失为一种简便实用的方法。但是它们也存在缺点:一是没有考虑资金的时间价值,在对大中型的投资项目及建设期长的投资项目进行评价时往往产生假象;二是忽略了项目存在期间的投资经济效果,如投资回收期计算公式就与项目的生命周期无关,也会给评价工作带来假象。下面以一案例分析进行说明,设 A 方案与 B 方案投资及收益见表 2-5。

A 方案与 B 方案投资及收益 表 2-5

方案	投资	收益						
	0 年	1 年	2 年	3 年	4 年	5 年	6 年	7 年
A	1000	200	200	200	200	200	200	200
B	1000	250	250	250	0	0	0	0

根据公式 $T=K/M$,得 $T_a=1000/200=5$(年),看起来 B 方案投资回收期为 4 年,A 方案投资回收期为 5 年,B 方案比 A 方案好,但其实 B 方案永远收不回投资,因项目只有 3 年经济收益寿命,只能回收 750 万元,即使 B 方案有 4 年寿命,收回了投资,但以后效益情况 A 方案有第 6 年、第 7 年经济寿命,还可以产生效益,而 B 方案则毫无效益。因此,在进行可行性研究中还要注意项目设备寿命期。

1. 技术经济效果的静态和动态评价方法有什么区别?

2. 静态分析方法有何优缺点?

3. 什么是盈亏平衡点?

4. 静态分析法中反映投资在经济上是否可行用哪两种方法?比较不同投资方案优劣一般用哪些方法?

5. 某工程项目,第 1 年投资 3000 万元,第 2 年投资 5000 万元,第 3 年投资 3000 万元,第 4 年试产获得净收益 1000 万元,第 5 年获得净收益 2000 万元,第 6 年获得净收益 2000 万元,第 7 年以后每年平均获得净收益 3000 万元。计算该项目的静态投资回收期。

6. 某企业生产 A 产品,以销定产,每年全部固定费用 12 万元,2017 年共生产 400 台,结果亏损 4 万元,A 产品价格为 0.5 万元,求:①盈亏平衡点的产量和销售额。②企业 2019 年为了获利 20 万元,应达到的产量为多少?

公路工程经济动态分析

1. 能描述资金的时间价值、现金流量图的概念和计算方法。
2. 学会利用复利法进行资金的等值计算,熟悉各种支付公式的应用。
3. 能描述净现值法、年值法、内部收益率法、动态投资回收期法等经济动态分析方法。
4. 能进行寿命不等互斥方案的评价计算。

第一节 资金的时间价值

一、资金的时间价值概述

1. 资金的时间价值的概念

资金的时间价值又叫货币的时间价值。货币是用来交换的商品的等价交换物,如果把货币用储藏的手段保存起来,不论经过多长时间仍为同等数量的货币,而不会发生数值的变化;如果把货币作为社会生产资金参与再生产,即会得到增值、带来利润,一般把这种现象称为资金的时间价值。简单地说,就是资金与劳动相结合,随着时间会增值,这一特性就叫资金的时间价值。

由以上概念可知,资金具有时间价值并不意味着资金本身能够增值,而是因为资金代表一定量的物化产物,并在生产与流通过程中与劳动相结合,才会产生增值。

在基本建设投资活动过程中,必须充分考虑资金的时间价值,使资金的流向更加合理和易于控制,从而使有限的资金发挥更大的作用,提高建设资金的使用效益。能否正确地确定资金的时间价值,是建设项目投资经济效果评价结论正确与否的关键,也是提高我国建设项目投资经济效果的关键。

同时,要明确资金的时间价值与因通货膨胀而产生的货币贬值。通货膨胀是指由于货币发行量超过商品流通实际需要量而引起的货币贬值和物价上涨现象。而资金的时间价值是客观存在的,是商品生产条件下的普遍规律,只要商品生产存在,资金就具有时间价值。但在现实经济活动中,资金的时间价值与通货膨胀因素往往是同时存在的。因此,既要重视资金的时间价值,又要充分考虑通货膨胀的影响,以利于正确地做出投资决策、合理有效地使用资金。

2. 资金的时间价值的度量

资金的时间价值是以一定数量的资金在一定时期内的利息来度量的,而利息是根据本金的数额、利率和计息时间来计算的。这里所说的利息是一种广义的概念,是投资净收益与借贷利息的统称。

(1)利息与利率

利息、盈利或净收益,都可视为使用资金的报酬,它是投入资金在一定时间内生产的增值,一般把银行存款获得的资金增值叫利息,把资金投入生产建设产生的资金增值称为盈利或净收益。可见,利息或盈利都是资金的时间价值的体现,利息或盈利是衡量资金的时间价值的绝对尺度。

利率、盈利率或收益率是一定时间(通常为年)的利息或收益占原投入资金的比率,即利息与本金的比值,也称之为使用资金的报酬率。它反映了资金随时间变化的增值率,通常以百分率表示。因此,它是衡量资金的时间价值的相对尺度。例如,6%的应付利率即0.06的年利率,这相当于0.015的应付季利率,或0.005的应付月利率。

在技术经济分析中,利息与盈利、利率与盈利或收益率是不同的概念。一般在研究某项投资的经济效果时,经常使用净收益(或盈利)和收益率(或盈利率)的概念,在计算分析资金信贷时,则使用利息和利率的概念。

(2)单利与复利

利息和利率或净收益和收益率是衡量资金的时间价值的尺度,故计算资金的时间价值的方法就是计算利息的方法。利息有单利和复利两种,计算资金的时间价值的方法有单利法和复利法两类方法。现分析如下:

①单利法。

单利法是以本金为基数计算资金价值(利息)的方法。不将利息计入本金之内,也不再生利息。

单利法的本利和计算式为:

$$F = P(1 + ni) \tag{3-1}$$

式中:i——利率;

n——利息周期数(通常以年为单位);

P——本金,表示一笔可投资之现款;

F——本利和,按利率 i、本金 P 经过 n 次计算利息后,本金与全部利息之总和。

【例3-1】 某项公路建设投资由建设银行贷款14亿元,年利率8%,10年后一次结清,以单利结算应还本利和为多少?

解:由式(3-1)得

$$F = P(1 + ni) = 14 \times (1 + 10 \times 0.08) = 25.2(亿元)$$

单利法在一定程度上考虑了资金的时间价值,但不彻底,因为以前已经产生的利息,没有累计计算,所以单利法是一种不够完善的方法。

②复利法。

复利法是以本金和累计利息之和为基数计算资金的时间价值(利息)的方法,也就是利上加利的计算方法。复利法的本利和计算式为:

$$F = P(1 + i)^n \tag{3-2}$$

例如,某项投资1000元,年利率为7%,如利息不取出而是继续投资,那么盈利额将会逐年增加,这种重复计算盈利的方法即复利计算法。这项投资的增加过程见表3-1。

由表3-1的计算过程和结果可看出,复利法不仅本金逐期计息,而且以前累计的利息,亦逐期加利。因此,复利法能够充分地反映资金的时间价值,也更符合客观实际。这是国内外目前普遍采用的方法。在后续章节中如无特殊说明,均默认为复利计息。

复利计息过程(单位:元) 表3-1

年	年初本金	当年盈利	年末本利和
1	1000	1000×7% =70	1070.00
2	1070	1070×7% =74.9	1144.90
3	1144.9	1144.9×7% =80.143	1225.04
4	1225.04	1225.04×7% =85.75	1310.79
…	…	…	…

二、名义利率和有效利率

以上的复利利息计算中,把一年作为一个计息周期。当计息周期不满一年时,就有了名义利率与有效利率的区别。名义利率又叫虚利率,一般指银行标明的年利率,它不考虑实际计息周期多长。而有效利率又叫实际利率,它是反映一个周期内实际利息额高低的利率。如银行规定的年利率为12%,一个月计息一次,则12%为名义利率,一个月的有效利率为1%,换算为一年的有效年利率又是多少呢?当一年内多次计息时,有效年利率反映一年实际利息额的大小,所以应该采用一年的应得利息除以年初本金来计算。下面通过表3-2内数据进行比较。贷款1000元时,名义利率为12%。

年内多次计息时所得利息及有效年利率比较 表3-2

计息周期	一年内计息周期数	计息期有效利率(%)	本利和复利计算公式(元)	实际年利息(元)	有效年利率(%)
年	1	12	$1000\times(1+12\%)$	120	12
半年	2	6	$1000\times(1+6\%)^2$	123.6	12.36
季	4	3	$1000\times(1+3\%)^4$	125.51	12.551
月	12	1	$1000\times(1+1\%)^{12}$	126.82	12.682
周	52	0.231	$1000\times(1+0.231\%)^{52}$	127.38	12.738
天	365	0.033	$1000\times(1+0.033\%)^{365}$	127.47	12.747

由表3-2中数据可知,名义利率与有效年利率的换算公式为:

$$i = \frac{F-P}{P} = \frac{P\left(1+\frac{r}{t}\right)^t - P}{P} = \left(1+\frac{r}{t}\right)^t - 1 \tag{3-3}$$

式中:i——有效年利率;

r——名义利率;

t——一年内的计息周期数。

若计息周期为一年,则名义利率等于有效年利率。若一年中有若干个计息期,则名义利率小于有效年利率。

由于计息的周期长短不同,同一笔资金在占用的总时间相等的情况下,所付的利息会有明显的差别。结算次数愈多,给定利率所产生的利息就愈高。当利用连续复利时,即每时每刻均计息,则 $t \to \infty$ 时:

$$i = \lim_{t\to\infty}\left[\left(1+\frac{r}{t}\right)^t - 1\right] = \lim_{t\to\infty}\left[\left(1+\frac{r}{t}\right)^{t/r}\right]^r - 1 = e^r - 1 \tag{3-4}$$

因为有效利率是反映实际利息额大小的利率,所以在计算中,应注意有效利率的选取。

在进行工程方案的经济比较时,若按复利计息,而各方案在一年中计算利息的次数不同,就难以直接比较各方案的经济效益的优劣,这时可以将各方案名义利率统一换算成有效年利率再进行比较。

【例 3-2】 某隧道建设项目拟向外商订购设备,有两个银行可提供贷款:甲行年利率为17%;计息周期为年;乙行年利率为16%,但按月复利计息。试比较应向哪家银行贷款。

解:甲行的有效年利率等于名义利率17%,乙行的名义利率 $r = 16\%$,则有效年利率

$$i = (1+0.16/12)^{12} - 1 = 17.227\%$$

乙行的有效年利率高于甲行的有效年利率,故应向甲行贷款。

三、现金流量与现金流量图

一个建设项目在某一个时期内各年的现金流入和现金流出统称为现金流量。现金流入与现金流出的代数和为净现金流量。现金流量以"收付实现制"为原则,按实施方案时实际发生的当期现金流为准。在进行经济效果评价时,需要通过现金流量计算经济评价指标。

现金流量可以通过现金流量图清晰地表达出来,方便分析计算。现金流量图可以反映出资金的流入和流出、资金发生的时间和数额大小。现金流量图的形式如图3-1所示。

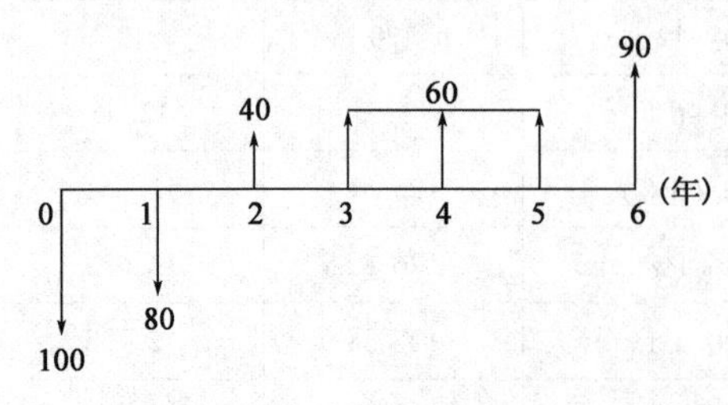

图3-1 现金流量图

现金流量图的作图规则如下:

(1)以横轴为时间轴,愈向右延伸表示时间愈长。将横轴分成相等的时间间隔,间隔的时间单位以计息期为准,通常以年为单位;时间坐标的起点通常取为建设项目开始建设年的年初。

(2)现金流入用向上的箭头表示,现金流出用向下的箭头表示,可按比例画在对应时间坐标处的横轴上方。若数据大小相差较大,按比例无法表现,可忽略比例,但要通过箭头长短显示数据大

小,并在箭头顶端标上数字。

现金的流入和流出是针对特定对象而言的。比如,企业从银行贷款,对企业来说是现金流入,而对银行来说则是现金流出;反之,企业向银行还款,对企业来说是现金流出,而对银行来说则是现金流入。所以,现金的流入与流出应站在分析者一方去判断。

(3)为了计算上的方便和统一,一般假定现金支付都集中在每期期末。对于建设项目来说,初始投资期(建设期)不足一年的方案,以方案投入运营年为第一年,投资费用现金流记在第一年初(年序0);初始投资期一年及以上的方案,以方案开始开工建设为计算期起点,各年投资费用现金流均记在年末;方案运营阶段的现金流均记在年末。

四、经济分析的相关概念

现值 P:发生在(或折算为)某一特定时间序列起点的效益或费用,称为现值。

终值(或将来值、未来值)F:发生在(或折算为)某一特定时间序列终点的效益或费用,称为终值或将来值、未来值。

等额年金 A:发生在(或折算为)某一特定时间序列各计息期末(不包括零期)的等额序列。

时值:资金的数值随着利息增值,在每个计息周期末的数值是不等的,在时点的资金数值称为时值。

时点:计算资金时值的时间点即为时点。

贴现和贴现率:把将来的现金流量折算(或者叫折现)为现在的时值的过程叫作贴现,贴现是复利计算的倒数。贴现时所用的利率,称为贴现率。

第二节 资金等值计算及公式应用

一、资金等值计算概述

1. 资金等值的概念

资金等值又叫等效值,是指在考虑时间因素的情况下不同时间、不同数额的资金可按某一利率换算至某一时点,使之可能具有相等的经济价值。

相同数量的资金在不同时间,代表着不同的价值,资金必须被赋予时间概念,才能显示其真实的意义。例如,现在的100元和一年后的100元在数值上虽然相等,但价值却是不等的,若年利率为10%,那么现在的100元和一年后的110元等值。

资金的等值是以规定的利率为前提的,当各支付系列的利率不同时,其等值关系即不成立。如果两个现金流量等值,则在任何时点也必然等值;位于同一点时,其价值与数值均相等。

影响资金等值的因素为资金数额大小、利率和计息期数的多少。

等值是技术经济分析、比较、评价不同时期资金使用效果的重要依据。

2. 等值计算

利用等值概念,我们可以把某一时间(时期、时点)上的资金值变换为另一个时间上价值相等但数额不等的资金值,这一换算过程称为资金的等值计算。实际上,复利计算即为等值计算。

3. 研究资金等值及等值计算的意义

在对公路建设项目进行多方案经济效果比较评价时,每个方案的现金流量值各不相同,这是因为每个方案的资金支出或收入的形式、产生的时间和数额不尽相同。要对方案进行比较评价,必须将每个方案的所有现金支出收入折算到某一规定的时间点,在价值相等的前提下再进行数值比较。若不对各种支付情况和发生在不同时间点的资金进行等值计算和转换,就不能对资金数额值进行数值运算,也就不能在考虑资金的时间价值的条件下进行建设项目投资经济效果的评价。

二、资金等值计算公式及其应用

由资金等值的概念可知,复利计算即为等值计算。普通复利公式是指以年复利计息,按年进行支付的复利计算公式,根据支付方式和等值换算时点的不同,可分为若干类,现分述如下。

1. 一次支付复利公式

(1)一次支付终值公式

若现在投资 P 元,利率(收益率)为 i,到 n 年末累计本利和将为多少?

假定将货币现值 P 投资一年(假设息期是一年),利率为 i。年末应当收回初期投资 P 值,连同利息 iP,共计 $P(1+i)$(元)。假定第一年末不抽回投资,同意延展一年,那么第二年末投资值变成多少了呢?第一年末的总金额 $P(1+i)$(元),到第二年末可得到利息 $iP(1+i)$(元)。本金 $P(1+i)$ 加利息 $iP(1+i)$ 意味着第二年末投资总额变成 $P(1+i)+iP(1+i)$,即 $P(1+i)^2$(元)。如果再继续延展到第三年,第三年末的投资总额将变为 $P(1+i)^3$(元)。n 年后的总金额为 $P(1+i)^n$(元)。整个流程如图 3-2 所示。

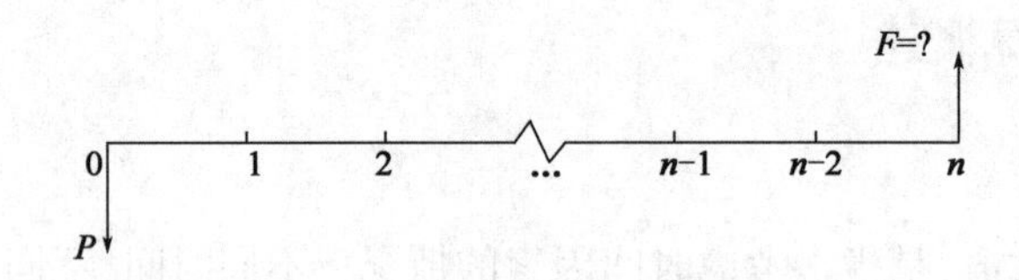

图 3-2 一次支付终值现金流量图

计息期开始的金额 + 期内获息 = 期末本利和

第一年 $P+iP=P(1+i)$

第二年 $P(1+i)+iP(1+i)=P(1+i)^2$

第三年 $P(1+i)^2+iP(1+i)^2=P(1+i)^3$

⋮ ⋮

第 n 年 $P(1+i)^{n-1}+iP(1+i)^{n-1}=P(1+i)^n$

换言之,n 期内现值 P 增加到 $P(1+i)^n$。因此,现值 P 和它将来的等值 F 之间的关系式为：

$$F = P(1+i)^n \tag{3-5}$$

式中：$(1+i)^n$——一次支付终值系数。其含义是1元资金在n年后的本利和，可用另一特定符号$(F/P,i,n)$表示，故式(3-5)可简化为：

$$F = P(F/P,i,n) \tag{3-6}$$

式中：$(F/P,i,n)$——可理解为已知P、i、n，求F。

【例3-3】 假使现在把500元存入银行，银行支付年复利4%，3年以后账上存款额有多少？

解：首先需验证方程中的各变量。

现值P为500元，每一息期的利率为4%，3年中有3个息期。计算将来值F：

$P=500$元，$i=0.04$，$n=3$，F是未知数

$$F=P(1+i)^n=500\times(1+0.04)^3=562.5(\text{元})$$

或
$$F=500(F/P,4\%,3)=500\times1.1249=562.5(\text{元})$$

(2)一次支付现值公式

若已知F、i、n求P，则需用一次支付现值公式，其现金流量图解如图3-3所示。

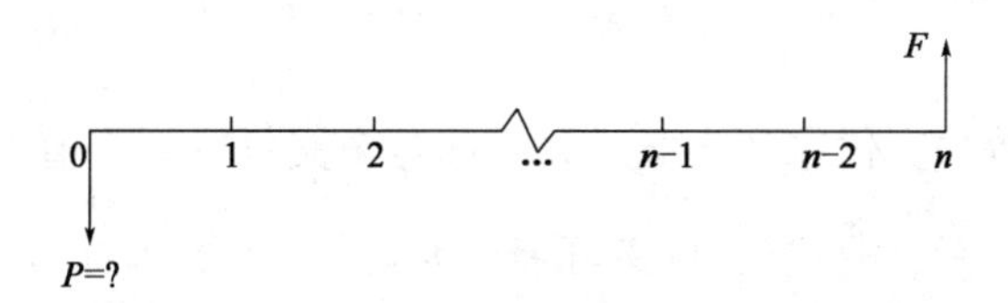

图3-3 以将来值F求一次支付P的现金流量图解

现值函数式可由终值公式倒数式求得：

$$P = F\frac{1}{(1+i)^n} = F(1+i)^{-n} \tag{3-7}$$

式中：$\frac{1}{(1+i)^n}$——一次支付现值系数，也可以用$(P/F,i,n)$表示，故公式可简化为：

$$P = F(P/F,i,n) \tag{3-8}$$

【例3-4】 假使希望第四年得到800元的存款本息，银行每年按5%利率付息，现在应当存入多少本金？

解：$F=800$元，$i=0.05$，$n=4$，P为未知数

$$P = F(1+i)^{-n} = 800\times(1+0.05)^{-4} = 800\times0.8227 = 658.16(\text{元})$$

第四年末要得到800元的储金，现在必须存入658.16元。

2. 等额支付序列复利公式

根据等值换算时间的不同，等额支付序列复利公式分为等额支付序列终值公式、等额支付序列偿债基金公式、等额支付序列资金回收公式、等额支付序列现值公式等。分析如下。

(1)等额支付序列终值公式

连续每年期末的等额支付值为 A,求 n 年末包括利息在内的累积值 F 的计算公式即等额支付序列终值公式。等额支付序列现金流量图解如图3-4所示。

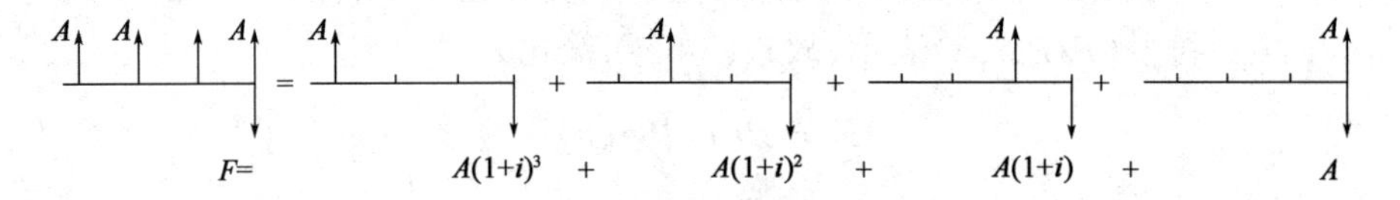

图3-4 等额支付序列现金流量图解

若在 n 年内每年末投资 A 元(图3-4),则在第 n 年末累积起来的总数 F 显然等于各次投资之未来值总和。第一年末的投资 A 可得 $n-1$ 年的利息,因此其本利和应为 $A(1+i)^{n-1}$。第二年的投资在剩下的 $n-2$ 年末的本利和应为 $A(1+i)^{n-2}$。如此直至第 n 年末投资不得利息,本利和仍为 A。于是总数 F 为:

$$F = A(1+i)^{n-1} + A(1+i)^{n-2} + A(1+i)^{n-3} + \cdots + A(1+i)^2 + A(1+i) + A \tag{a}$$

式(a)两端同乘以 $(1+i)$ 得:

$$F(1+i) = A(1+i)^n + A(1+i)^{n-1} + A(1+i)^{n-2} + \cdots + A(1+i)^2 + A(1+i) \tag{b}$$

用式(b)-式(a),得

$$F(1+i) - F = A(1+i)^n - A$$

即

$$F \times i = A[(1+i)^n - 1]$$

$$F = A\left[\frac{(1+i)^n - 1}{i}\right] \tag{3-9}$$

式中:$\frac{(1+i)^n - 1}{i}$——等额支付序列终值系数或称等额支付序列终值因子,可以用 $(F/A,i,n)$ 表示。故式(3-9)又可表示为:

$$F = A(F/A,i,n) \tag{3-10}$$

【例3-5】 某汽车运输公司为将来的技术改造筹集资金,每年年末用利润留成存入银行30万元,欲连续积存5年,银行复利利率为8%,该公司5年末能用于技术改造的资金有多少?

解:由式(3-9)得:

$$F = A\left[\frac{(1+i)^n - 1}{i}\right] = A(F/A,i\%,n)$$

$$= 30 \times \frac{(1+0.08)^5 - 1}{0.08} = 175.998(\text{万元})$$

(2)等额支付序列偿债基金公式

当 n 期末要获得的终值 F 为已知时,以复利计算,每年应投入基金(或存储基金)为多少?用投入基金(基金存储)公式进行计算。现金流量如图3-5所示。

等额支付序列偿债基金公式,可直接由式(3-9)求解 A:

$$A = F \times \frac{i}{(1+i)^n - 1} \tag{3-11}$$

式中:$\frac{i}{(1+i)^n - 1}$——等额支付序列偿债基金系数,可以用 $(A/F,i,n)$ 表示,该式又可表示为:

$$A = F(A/F,i,n) \tag{3-12}$$

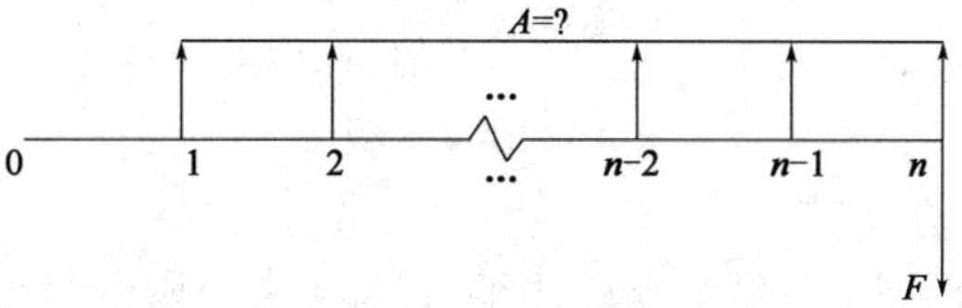

图 3-5 已知 F 求 A 的现金流量图

【例 3-6】 某汽车修理厂欲在 5 年后进行扩建,估计到时需资金 150 万元,资金准备自筹,每年从利润和折旧基金中提取后存入银行,若存款按复利计息,利率为 6%,每年应提留多少资金?

解:由式(3-11)得:

$$A = F \times \frac{i}{(1+i)^n - 1} = 150 \times \frac{0.06}{(1+0.06)^5 - 1} = 26.55(\text{万元})$$

或 $$A = F(A/F,i,n) = 150(A/F,0.06,5) = 150 \times 0.177 = 26.55(\text{万元})$$

(3)等额支付序列资金回收公式

若以年利率 i 投资 P 元,则在 n 年内的每年末可提取多少元(A)? 这样第几年末可将初投资全部提完? 此时的现金流量图如图 3-6 所示。

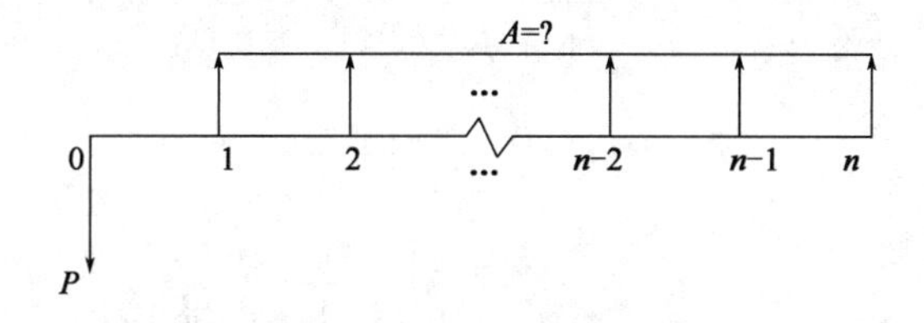

图 3-6 已知 P 求 A 的现金流量图

注意资金回收涉及在 n 年内全部回收初投资 P,须在 n 年内全部回收初投资 P,须在 n 年中的每年末等量地提取 A。其函数关系推导过程是:

由等额支付序列偿还基金公式 $A = F \times \frac{i}{(1+i)^n - 1}$,用复利本利和公式 $F = P(1+i)^n$ 代入,即得:

$$A = P \times \frac{i(1+i)^n}{(1+i)^n - 1} \tag{3-13}$$

式中:$\frac{i(1+i)^n}{(1+i)^n - 1}$——等额支付序列资金回收系数,也可以($A/P,i,n$)表示,故式(3-13)又可表示为:

$$A = P(A/P,i,n) \tag{3-14}$$

【例 3-7】 某运输公司设备更新中投入资金 800 万元,资金来源为银行贷款,年利率为 6%,要求 10 年内按年等额偿还,每年末应偿还资金多少?

解:由式(3-13)有 $P = 800$ 元,$n = 10$,$i = 6\%$,A 是未知数,则

$$A = P \times \frac{i(1+i)^n}{(1+i)^n - 1}$$

$$= 800 \times \frac{0.06 \times (1+0.06)^{10}}{(1+0.06)^{10}-1}$$

$$= 108.6945(万元)$$

(4)等额支付序列现值公式

如果在收益为 i 的情况下,希望在今后几年内,每年末能取得等额的存款或收益 A,现在必须投入多少资金?

现值因子是资金回收因子的倒数,故其公式可直接由

$$A = P\frac{i(1+i)^n}{(1+i)^n-1}$$

求解得:

$$P = A\frac{(1+i)^n-1}{i(1+i)^n} \tag{3-15}$$

式中:$\frac{(1+i)^n-1}{i(1+i)^n}$——等额支付序列现值系数,也可用$(P/A,i,n)$表示,其值可查表求得,故式(3-15)又可表示为:

$$P = A(P/A,i,n) \tag{3-16}$$

【例 3-8】 某汽车运输公司预计今后 5 年内,每年的收益(按年终计)为 85 万元。若利率按 8% 计,与该 5 年的收益等值的现值为多少?

解:

$$P = A\frac{(1+i)^n-1}{i(1+i)^n}$$

$$= 85 \times \frac{(1+0.08)^5-1}{0.08(1+0.08)^5}$$

$$= 339.38(万元)$$

或

$$P = A(P/A,i,n) = 85 \times (P/A,0.08,5)$$

$$= 85 \times 3.993 = 339.41(万元)$$

三、普通复利公式及其应用小结

现将用普通复利法计算资金的时间价值的各种公式进行总结,见表 3-3。

普通复利公式小结表　　表 3-3

普通复利		已知	求	公式	
一次支付序列	终值公式	P	F	$F=P(1+i)^n$	$F=P(F/P,i,n)$
	现值公式	F	P	$P=\frac{F}{(1+i)^n}$	$P=F(P/F,i,n)$
等额支付序列	终值公式	A	F	$F=A\frac{(1+i)^n-1}{i}$	$F=A(F/A,i,n)$
	偿债基金公式	F	A	$A=F\frac{i}{(1+i)^n-1}$	$A=F(A/F,i,n)$

续上表

普通复利		已知	求	公式	
等额支付序列	资金回收公式	P	A	$A=P\dfrac{i(1+i)^n}{(1+i)^n-1}$	$A=P(A/P,i,n)$
	现值公式	A	P	$P=A\dfrac{(1+i)^n-1}{i(1+i)^n}$	$P=A(P/A,i,n)$

四、复利系数表

所谓复利系数表，即根据前面所述复利计算（等值计算）公式中的各系数，按照复利利率 i 和时间 n（时间单位可以是年、月、日等，但必须与利率 i 的时间单位一致）的变化而制成的各系数值的表格，见表3-4。利用复利系数表可以查出各种复利因子的数值，直接计算，如例3-3可列式为 $F=P(F/P,i,n)=500(F/P,4\%,3)=500\times1.1249=562.45$，其中的1.1249根据 $(F/P,4\%,3)$ 通过查表得到。表中没有的数值可通过内插法求得。复利系数表作为一种计算的辅助方法，使曾经烦琐的计算变得简单方便；但在科学数字化、计算程序化的今天，复利系数表渐已“退居二线”，这里仅作简单介绍。

复利系数表（$i=4\%$） 表3-4

n	$(F/P,i,n)$	$(P/F,i,n)$	$(F/A,i,n)$	$(A/F,i,n)$	$(A/P,i,n)$	$(P/A,i,n)$
1	1.0400	0.9615	1.0000	1.0000	1.0400	0.9615
2	1.0816	0.9246	2.0400	0.4902	0.5302	1.8861
3	1.1249	0.8890	3.1216	0.3203	0.3603	2.7751
4	1.1699	0.8548	4.2465	0.2355	0.2755	3.6299
5	1.2167	0.8219	5.4163	0.1864	0.2246	4.4518

第三节 经济动态分析的基本方法

在第二章中，我们已就静态分析法、静态评价指标及方案的静态评价进行了讨论，在本节和第四节中，主要在第二节复利分析的基础上，对动态分析的方法和指标及方案的比选进行详细讨论。

动态评价方法的优点是：考虑了技术方案在其经济寿命期限内的投资、追加投资或更新的资金的时间价值，也考虑了经济寿命期限内的全部收益及时间价值，不仅能够实现企业内部的评价，也可与其他投资方案进行比较。常见的动态分析方法有现值法、年值法、内部收益率法、动态投资回收期法、效益费用比法和增量分析法。

一、现值法

1. 净现值法

所谓净现值法即把技术方案计算期内各个不同时点的净现金流量按一定的折现率折算到计算初期的累计值。其计算公式为:

$$NPV = \sum_{t=0}^{n}(CI_t - CO_t)(1 + i_0)^{-t} \tag{3-17}$$

式中:NPV——净现值;

CI_t——第 t 年的现金流入;

CO_t——第 t 年的现金流出;

n——项目的寿命年限;

i_0——基准折现率。

项目可行的准则为:

对单一方案:NPV≥0 则项目可接受;NPV <0 则项目应拒绝。

多方案比选时:NPV 越大,方案相对越优,即净现值最大准则。

因为,当 NPV >0 时,方案的收益率不仅能达到设定的基准率水平,而且还能取得超额的收益现值,相同的折现率和寿命期内,NPV 越大,收益越大;NPV =0 时,方案的收益率恰好达到设定的基准折现率水平;NPV <0 时,方案的收益率未达到设定的基准折现率要求水平。

单一方案评价如例 3-9 所示。

【例 3-9】 某公路工程总投资为 5000 万元,投产后每年生产还另支出 600 万元,每年的收益额为 1400 万元,工程经济寿命期为 10 年,在 10 年末还能回收资金 200 万元,年收益率为 12%,用净现值法计算投资方案是否可取?

解:该项目现金流量如图 3-7 所示。

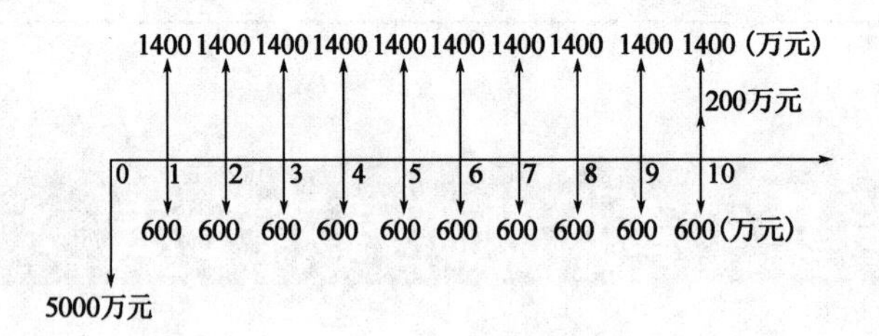

图 3-7 【例 3-9】现金流量图

$$NPV = -5000 + (1400-600) \times \frac{(1+12\%)^{10}-1}{(1+12\%)^{10} \times 12\%} + \frac{200}{(1+12\%)^{10}} = 415.6(万元) < 0$$

因此项目不可行。

多方案比选如例 3-10 所示。

【例 3-10】 一个期限为 5 年的项目,要求收益率达到 12%,现有两种方案可供选择:方案 A 的投资为 9000 万元,方案 B 的投资为 14500 万元。两方案每年可带来的净收益见表 3-5,试对这两方案进行选择。

方案 A、B 净现金流量表(单位:万元)　　表 3-5

年	0	1	2	3	4	5
方案 A	-9000	3400	3400	3400	3400	3400
方案 B	-14500	5200	5200	5200	5200	5200

解:按 12% 的折现率对表 3-5 中各年的净现金流量进行折现求和。

$$NPV_A = -9000 + 3400 \times \frac{(1+12\%)^5 - 1}{(1+12\%)^5 \times 12\%} = 3256.24(\text{元})$$

$$NPV_B = -14500 + 5200 \times \frac{(1+12\%)^5 - 1}{(1+12\%)^5 \times 12\%} = 4244.84(\text{元})$$

两方案的净现值都是正值,因此都能满足可接受的最低的收益率,但方案 B 的净现值大于方案 A 的净现值,在没有资金限制的情况下,因此方案 B 优于方案 A。

在利用净现值比较方案时,要注意以下两个问题:

(1)净现值和 NPV 对折现率 i 的敏感性问题。净现值对折现率的敏感性问题是指当 i 发生变化时,若按净现值最大原则优选项目方案,可能会出现结论相悖的情况。表 3-6 列出了 A、B 两个互相排斥的方案的净现金流量及其在折现率分别为 10% 和 20% 时的净现值。

方案 A、B 在折现率变动时的净现值(单位:万元)　　表 3-6

月份及 NPV	0	1	2	3	4	5	NPV (i=10%)	NPV (i=20%)
方案 A	-230	100	100	100	50	50	83.91	24.81
方案 B	-100	30	30	60	60	60	75.40	33.58

由表 3-6 可知,在 i 为 10% 和 20% 时,两方案的净现值均大于 0,根据净现值越大越好的原则,当 i 为 10% 时,NPV_A 大于 NPV_B,A 方案优于 B 方案;当 i 为 20% 时,NPV_B 大于 NPV_A,B 方案优于 A 方案。这一现象对投资决策有非常重要的意义。例如,假设在一定的基准折现率和投资总额下,净现值大于 0 的项目有 5 个,故项目均可行,按净现值的大小排列排序为 A、B、C、D、E,但若现在的投资总额必须压缩,项目是否还会遵循原来的排序呢? 一般是不会的。随着投资限额的减少,为了减少被选方案的数目,应当提高基准折现率。但基准折现率提高后,由于各项目方案对折现率的敏感性不同,原先净现值小的项目,可能大于原来净现值大的项目。因此,在基准折现率随着投资总额变动的情况下,按净现值的总则选取项目,不一定会遵循原有的项目排列顺序。

(2)净现值指标用于多方案比较时,要求被比较方案具有相同的计算期。

2. 费用现值法

在对多个方案比较选优时,如果几个方案的产出价值相同,或者诸方案都能满足同样的需要,但其收益或效益难以用价值形态(货币)计量(如机械设备的应用价值)时,可以通过比较各方案的费用,即将各方案寿命期内的投资及运营费用折算到项目投资初期,累加求出各方案的费用现值,进行比较分析。

费用现值的计算公式为:

$$PC = \sum_{t=0}^{n}(I_t + C_t)(1 + i_0)^{-t} - (S_v + W)(1 + i_0)^{-n} \tag{3-18}$$

式中:PC——费用现值;

I_t——第 t 年的投资费用;

C_t——第 t 年的总经营成本;

S_v——计算期末回收的固定资产残值;

W——计算期末回收的流动资金;

n——项目的寿命年限,年;

i_0——基准折现率。

【例 3-11】 某工程项目需对起重设备进行评选,合同期为 8 年,为选择设备,提出以下三种方案。

方案 1:3 架 A 型塔式起重机,每架原价为 80000 元,使用 8 年后的残值为 10000 元;每年每架起重机的维修费为 3600 元,而在第 3 年末每架需花费 12000 元进行大修;每个起重机驾驶员的工资为每月 5000 元。

方案 2:1 架 A 型塔式起重机,4 架 B 型塔式起重机,每架原价为 32000 元,使用 8 年后,B 型塔式起重机无残值,B 型塔式起重机每架每年维修费为 2400 元,在第 4 年末进行大修时所需的费用为每架 10000 元,B 型起重机驾驶员的工资与 A 型相同。

方案 3:7 架 B 型塔式起重机,各项费用与方案 2 中 B 型起重机相同。

每个方案提供服务的满意程度是等同的,每年适宜的折现率为 8%,应采用哪个方案较好?

解:先计算出这三个方案的各项费用,根据各年度的费用支出列出现金流量如下:

方案 1: A 型起重机 3 架　$80000 \times 3 = 240000$(元)

年维修费用　$3600 \times 3 = 10800$(元)

大修费(第三年末)　$12000 \times 3 = 36000$(元)

年工资　$5000 \times 12 \times 3 = 180000$(元)

残值　$10000 \times 3 = 30000$(元)

方案 2: A 型起重机 1 架　$80000 \times 1 = 80000$(元)

B 型起重机 4 架　$32000 \times 4 = 128000$(元)

年维修费用　$3600 + 2400 \times 4 = 13200$(元)

大修费(A 型)　12000(元)

大修费(B 型)　$10000 \times 4 = 40000$(元)

年工资　$5000 \times 12 \times 5 = 300000$(元)

残值　10000(元)

方案 3: B 型起重机 7 架　$32000 \times 7 = 224000$(元)

年维修费用　$2400 \times 7 = 16800$(元)

大修费　$10000 \times 7 = 70000$(元)

年工资　$5000 \times 12 \times 7 = 420000$(元)

根据费用现值计算公式,其计算结果如下:

$$PC_1 = 240000 + (10800 + 180000) \times \frac{(1+8\%)^8 - 1}{(1+8\%)^8 \times 8\%} + \frac{36000}{(1+8\%)^3} - \frac{30000}{(1+8\%)^8}$$

$$= 1348828.6(元)$$

$$PC_2 = 80000 + 128000 + (13200 + 300000) \times \frac{(1+8\%)^8 - 1}{(1+8\%)^8 \times 8\%} + \frac{12000}{(1+8\%)^3} + \frac{40000}{(1+8\%)^4} - \frac{10000}{(1+8\%)^8} = 2041371.8(元)$$

$$PC_3 = 224000 + (16800 + 420000) \times \frac{(1+8\%)^8 - 1}{(1+8\%)^8 \times 8\%} + \frac{70000}{(1+8\%)^4} = 2785584(元)$$

对比三种方案,方案1费用最少,因此选方案1。

应用费用现值时应注意:

(1)被比较方案应具有相同的产出价值,或能满足相同的需要。

(2)要求被比较的方案应具有相同的计算期。

二、年值法

年值法是指按给定的基准折现率,通过等值换算,将方案计算期内各个不同时点的现金流量分摊到计算期内的各年,计算出不同方案的等额年值的方法。与净现值法相对应,年值法有净年值和费用年值两个指标。

1. 净年值

净年值是通过资金的等值计算将项目的净现值分摊到寿命期内各年(从第1年到第 n 年)的等额年值。净年值的计算公式如下:

$$NAV = \left[\sum_{t=0}^{n}(CI_t - CO_t)(1+i_0)^{-t}\right]\frac{(1+i_0)^n i_0}{(1+i_0)^n - 1} \tag{3-19}$$

或

$$NAV = NPV\frac{(1+i_0)^n i_0}{(1+i_0)^n - 1}$$

评价准则如下:

(1)NAV = 0,表示项目实施后的投资收益率正好达到基准收益率。

(2)NAV > 0,表示项目实施后的经济效益不仅达到了基准收益率的要求,而且还有富余。

(3)NAV < 0,表示项目实施后的经济效益达不到基准收益率的要求。

因此,NAV≥0 时,认为方案在经济效果上是可行的。

将净年值的计算公式及判别原则与净现值的计算公式及判别原则作比较可知,净现值给出的信息是项目在整个寿命期内获取的超额收益的现值。与净现值不同的是,净年值给出的信息是寿命期内每年的等额超额收益。由于信息的含义不同,而且由于在某些类型的方案比选中,采用净年值比采用净现值更为简便和易于计算,净年值指标在经济评价指标体系中占有相当重要的地位。

【例3-12】 某投资方案的净现金流量如图3-8所示,设基准收益率为10%,求该方案的净年值。

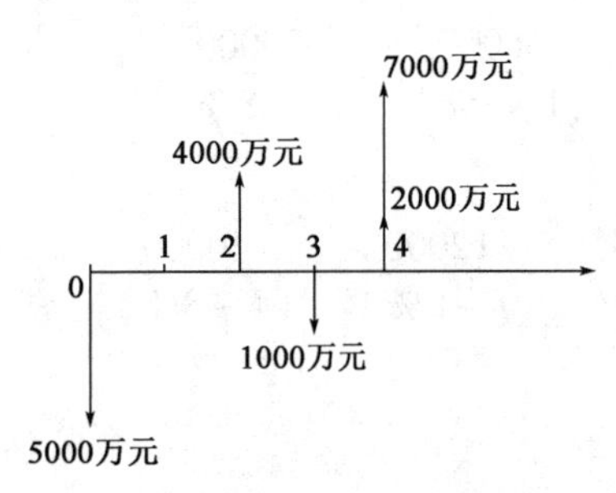

图3-8 某投资方案的净现金流量

解:按净年值公式 $NAV = NPV\dfrac{(1+i_0)^n i_0}{(1+i_0)^n-1}$ 得

$$NAV = \left[-5000+\frac{4000}{(1+10\%)^2}+\frac{2000}{(1+10\%)^4}+\frac{7000}{(1+10\%)^4}-\frac{1000}{(1+10\%)^3}\right]\times\frac{(1+10\%)^4\times10\%}{(1+10\%)^4-1}=1311(万元)$$

NAV > 0,说明该方案能达到10%的收益率,可以接受。

2. 费用年值

费用年值是按基准折现率,通过等值计算,将方案各计算期内各个不同时间点上的现金流出分摊到计算期内各年的等额年值。

费用年值的计算公式为:

$$AC = \left[\sum_{t=0}^{n}(I_t+C_t)(1+i_0)^{-t}-(S_v+W)(1+i_0)^{-n}\right]\frac{(1+i_0)^n i_0}{(1+i_0)^n-1} \quad (3\text{-}20)$$

或

$$AC = PC\frac{(1+i_0)^n i}{(1+i_0)^n-1}$$

【例3-13】 某项目有两个施工工艺方案,均能满足同样的需要,其费用数据见表3-7。在基准折现率为10%的情况下,两个方案费用年值各为多少,哪个方案较优?

两个工艺方案的费用数据表(万元) 表3-7

方 案	总投资(第0年末)	年运营费用(第1~10年)
A	200	60
B	300	35

解:各方案的费用年值计算如下。

$$AC_A = 200\times\frac{(1+10\%)^{10}\times10\%}{(1+10\%)^{10}-1}+60=92.55(万元)$$

$$AC_B = 300\times\frac{(1+10\%)^{10}\times10\%}{(1+10\%)^{10}-1}+30=83.82(万元)$$

根据费用最小准则,方案B的费用较小,因此B方案优于A方案。

三、内部收益率法

1. 内部收益率的定义

内部收益率又称内部报酬率,是指使方案在研究期内一系列收入和支出的现金流量净现值为零时的折现率。它是一个反映投资者内部报酬率的可能性指标,其大小完全取决于方案本身,因此称为内部收益率,简记作IRR。内部收益率同净现值一样,是个被广泛使用的经济评价指标。其计算式为:

$$NPV = \sum_{t=0}^{n}(CI_t-CO_t)(1+IRR)^{-t}=0 \quad (3\text{-}21)$$

式中：IRR——内部收益率；

其余符号意义同前。

2. 内部收益率的计算

利用上述公式直接求解 IRR 是比较复杂的，特别是当 n 值很大时，求解是非常烦琐的。在实际应用中通常采用“线性内插法”计算 IRR 的近似解。线性内插法原理如图 3-9 所示。图 3-9 中，根据 IRR 的概念，NPV 函数的曲线与横轴的交点为 IRR，如能在 IRR 的前后各找到一个相邻的折现率 i_1 和 i_2，只要 i_1 和 i_2 的绝对误差足够小，在 (i_1,i_2) 区间内，NPV 函数曲线可近似地看作直线 AB，其与 i 轴的交点为 i'（IRR 的近似值），则 $\triangle A\ i_1\ i'$ 和 $\triangle B\ i_2\ i'$ 是相似的，根据相似三角形对应边成比例的原理，可推导出：

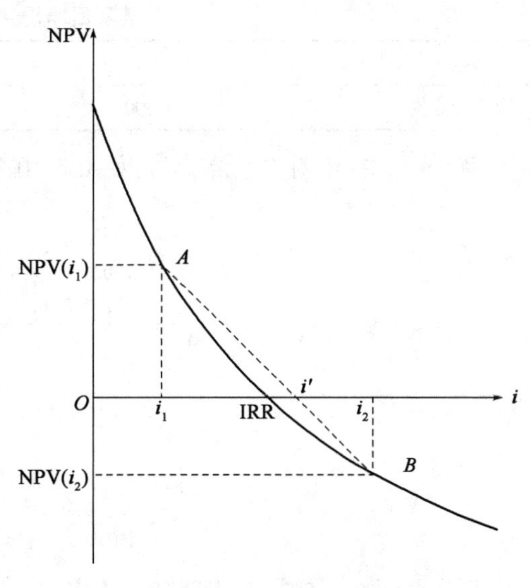

图 3-9 IRR 计算的近似方法

$$\mathrm{IRR} \approx i' = i_1 + \frac{\mathrm{NPV}(i_1)}{\mathrm{NPV}(i_1) + |\mathrm{NPV}(i_2)|} \times (i_2 - i_1) \tag{3-22}$$

为保证足够的计算精度，通常规定 $|i_2 - i_1| \leq 3\%$。

线性内插法的计算步骤如下：

（1）计算各年的净现金流量。

（2）在满足下列两个条件的基础上预先估计两个适当的折现率 i_1 和 i_2：①满足 $i_1 < i_2$ 且 $i_2 - i_1 \leq 3\%$；②$\mathrm{NPV}(i_1) > 0$ 且 $\mathrm{NPV}(i_2) < 0$。

如果预估的 i_1、i_2 不满足以上两个条件，则要重新预估，直至满足条件。

（3）用式（3-22）近似求解 IRR。

3. 内部收益率的经济含义

内部收益率（IRR）是考查方案盈利能力的最主要的效率型指标，它反映了方案所占用资金的盈利率，同时也反映了方案对资金成本的最大承受能力。由于其大小完全取决于方案本身的初始投资规模和计算期内各年的净收益的多少而没有考虑其他外部影响，因而称作内部收益率。内部收益率反映的是投资方案所能达到的收益率水平，因此它可以直接与基准投资收益率进行比较，分析方案的经济性。

$\mathrm{IRR} = i_0$，表明方案的投资收益率恰好达到既定的收益率（基准收益率）；

$\mathrm{IRR} > i_0$，表明方案的投资收益率超过既定的收益率；

$\mathrm{IRR} < i_0$，表明方案的投资收益率未能达到既定的收益率。

所以，内部收益指标的判别标准为：当 $\mathrm{IRR} \geq i_0$ 时，认为方案在经济上是可接受的；当 $\mathrm{IRR} < i_0$ 时，认为方案在经济上是不可行的。

【例 3-14】 某项目净现金流量见表 3-8。当基准折现率 $i_0 = 10\%$ 时，试用内部收益率指标判断该项目在经济效果上是否可以接受。

某项目净现金流量(单元:万元) 表3-8

时点	0	1	2	3	4	5
净现金流量	-2000	300	500	500	500	1200

解:第一步,绘制现金流量图,如图3-10所示。

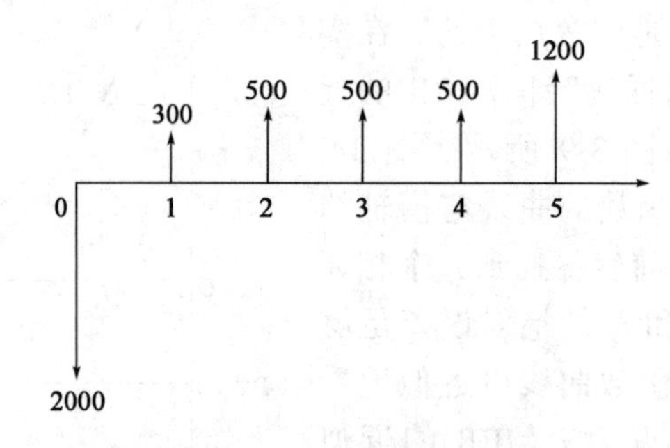

图3-10 现金流量图(单位:万元)

第二步,列式试算,用内插法求IRR。

列出方程:

$$NPV(i) = -2000 + 300(1+i)^{-1} + 500(1+i)^{-2} + 500(1+i)^{-3} + 500(1+i)^{-4} + 1200(1+i)^{-5} = 0$$

试算:

可从0开始间隔10%试算,本题试算 $i=10\%$ 时,得 NPV = 148.22 万元,大于0;试算 $i=20\%$ 时,得 NPV = -390.05 万元,小于0。由此可知,内部收益率介于10%和20%之间,并可判断其接近10%,所以下一步可以在10%和20%之间从10%一端开始试算。

取 $i_1=12\%$,代入方程得到:

$$NPV(i_1) = -2000+300(1+0.12)^{-1}+500(1+0.12)^{-2}+500(1+0.12)^{-3}+500(1+0.12)^{-4}+1200(1+0.12)^{-5}=21.02(\text{万元})>0$$

取 $i_2=13\%$,代入方程求得:

$$NPV(i_2) = -2000+300\times(1+0.13)^{-1}+500\times(1+0.13)^{-2}+500\times(1+0.13)^{-3}+500\times(1+0.13)^{-4}+1200\times(1+0.13)^{-5}=-38.44(\text{万元})<0$$

可见,内部收益率必然在12%和13%之间,代入内插法计算式可求得:

$$IRR = 12\% + 21.02\times(13\%-12\%)/(21.02+38.44) = 12.35\%$$

第三步,判断方案可行性。

因为 $IRR = 12.35\% > i_0 = 10\%$,所以该方案是可行的。

对多方案进行评价时,内部收益率要和净现值相结合。一般来说,当基准收益率确定,而项目的资金又充裕时,应以净现值法判别为准,NPV越大,项目越可行,但不是内部收益率越大越好,因为净现值法充分体现了投资者投资追求的最大目标是最大利润,但在多方案比选时,NPV大的项目,并不一定IRR大。所以,只有当资金有限时,才采用内部收益率作为评价标准。内部收益率的最大特点是,不需要预先知道最小目标收益率的数值,就可进行计算。当某个方案未来的情况和利率不具有高度不确定性时,采用内部收益率法是评价项目经济效果的理想方法。

四、动态投资回收期法

第二章介绍的投资回收期是一种静态计算方法,因为没有考虑资金的时间价值,所以存在很大的缺陷。众所周知,投资回收期反映了一项投资费用得到补偿和回收所需的时间,不考虑时间价值的静态计算,显然不能真实地反映投资所能补偿的时间,特别是一些投资大、回收期长的公路工程项目。为克服静态投资回收期未考虑资金的时间价值的缺点,可采用动态投资回收期指标[在折现率 i_0 下,净现金流量现值累计为零的年限,它表示考虑了资金被等值收回所需的时间,即累积净现金流量现值曲线与横轴(时间轴)的交点]。其表达式为:

$$\sum_{t=0}^{T'_p}(CI_t - CO_t)(1+i_0)^{-t} = 0 \tag{3-23}$$

式中:T'_p——动态投资回收期;

其余符号意义同前。

$$T'_p = \text{累计净现金流量现值出现正值的年份数} - 1 + \frac{\text{上年累积净现金流量现值的绝对值}}{\text{当年净现金流量现值}} \tag{3-24}$$

当计算所得动态投资回收期小于或等于方案计算期时,即当 $T'_p < n$ 时,NPV >0,方案可接受;反之,$T'_p > n$ 时,NPV <0,方案不可接受。

【例 3-15】 某项目有关数据见表 3-9,基准折现率 $i_0 = 10\%$,试计算动态投资回收期,并评价该项目。

动态投资回收期的计算(万元) 表 3-9

年	0	1	2	3	4	5	6	7	8	9	10
净现金流量	-20	-500	-100	150	250	250	250	250	250	250	250
折现系数	—	0.9091	0.8264	0.7513	0.6830	0.6209	0.5645	0.5132	0.4665	0.4241	0.3855
净现金流量现值	-20	-454.6	-83.6	112.7	170.8	155.2	141.1	128.3	116.6	106.0	9604
累计净现金流量现值	-20	-474.6	-557.2	-444.5	-273.7	-118.5	22.6	150.9	267.5	373.5	469.9

解:据式(3-24)得

$$T'_p = 6 - 1 + \frac{|-118.5|}{141.1} = 5.84(\text{年})$$

由于 $T'_p < 10$ 年,因此该方案可行。

五、效益费用比法

效益费用比法是运用等值的原理,将项目的收益与支出分别换算成现值,计算二者的比值,进而判断该项目是否可行的一种投资决策方法。

效益费用比的计算公式是:

$$\frac{B}{C} = \frac{\sum_{t=0}^{n} B_t(1+i_0)^{-t}}{\sum_{t=0}^{n} C_t(1+i_0)^{-t}} \tag{3-25}$$

式中:B_t——第 t 年的收益,元;

C_t——第 t 年的费用,元。

对于单一方案,一般情况下,在已知的最低希望收益率(MIRR)下,按照净现值法可知,考虑可取满足以下条件的方案。

净现值 = 收益现值 - 费用现值≥0,即

$$\frac{收益现值}{费用现值} \geq 1$$

由此得出下列判别准则:

$$效益费用比(B/C) = \frac{收益现值}{费用现值} \geq 1 \tag{3-26}$$

对于多方案,用效益费用比(B/C)法作为计算的基础。其评价准则见表3-10。

多方案效益费用比法的评价准则　表3-10

项　目	情　况	准　则
投入相等	钱款或其他资源投入数量相等	B/C 值最大者优
产出相等	任务、收益或其他产出数量相等	B/C 值最大者优
投入和产出均不相等	既不是相等的钱款或其他投入,又不是相等的收益或其他产出	根据两个方案间的差值,计算出增量收益费用比值($\Delta B/\Delta C$)。如果 $\Delta B/\Delta C \geq 1$,选择费用较高的方案,否则选择费用较低的方案。有3个或更多个方案的情况下,用增量效益费用比分析法求解

【例3-16】 某企业正在考虑特定情况下选装两台设备中哪一种可以降低费用。两台设备的费用均为1000元,使用期为5年,无残值。估计设备A每年能节省300元,设备B第一年末可节省400元,但以后逐年要递减50元,即第二年末节省350元,到第三年末只能节省300元,以此类推。利率为7%。应当购买哪一种设备?

解:(1)设备A

$$费用现值 = 1000 元$$

$$收益现值 = 300 \times \frac{(1+7\%)^5 - 1}{7\% \times (1+7\%)^5} = 1230(元)$$

$$B/C = 收益现值/费用现值 = 1230/1000 = 1.23$$

(2)设备B

$$费用现值 = 1000 元$$

$$收益现值 = \frac{400}{(1+7\%)} + \frac{350}{(1+7\%)^2} + \frac{300}{(1+7\%)^3} + \frac{250}{(1+7\%)^4} + \frac{200}{(1+7\%)^5} = 1255(元)$$

$$B/C = 收益现值/费用现值 = 1258/1000 = 1.26$$

选用效益费用比(B/C)最大的方案,即设备B。

六、增量分析法

在多项方案中,若只允许选择其中一个方案,则这些方案称为互斥方案。对互斥方案进行

比选时,常用的评价指标为净现值、内部收益率、收益费用比和动态投资回收期。但是,在有些情况下,由上述评价指标会得出相互矛盾的结论,此时,方案比较的正确原则是:计算各方案之间增额投资的经济效果,这就是增量分析法。净现值、净年值、投资回收期、内部收益率等评价指标都可用于增量分析。

下面仅就增量净现值和增量内部收益率等方法的应用进行讨论。

1. 增量净现值

所谓增量净现值(亦称差额净现值,ΔNPV)是指在给定的基准折现率下,两方案在寿命期内各年净现金流量差额折现的累计值,或者说增量净现值等于两方案的净现值之差。

设A、B为投资额不等的两互斥方案,A方案比B方案投资大,两方案的增量净现值可由下式求出:

$$\begin{aligned}\Delta NPV &= \sum_{t=0}^{n}[(CI_{tA}-CO_{tA})-(CI_{tB}-CO_{tB})](1+i_0)^{-t} \\ &= \sum_{t=0}^{n}(CI_{tA}-CO_{tA})(1+i_0)^{-t}-\sum_{t=0}^{n}(CI_{tB}-CO_{tB})(1+i_0)^{-t} \\ &= NPV_A - NPV_B\end{aligned} \tag{3-27}$$

式中:ΔNPV——增量净现值;

$CI_{tA}-CO_{tA}$——方案A第t年的净现金流量;

$CI_{tB}-CO_{tB}$——方案B第t年的净现金流量;

NPV_A、NPV_B——分别为方案A与方案B的净现值。

用增量分析法进行互斥方案比选时,若$\Delta NPV>0$,表明增量投资可以接受。投资(现值)大的方案较投资(现值)小的方案优;若$\Delta NPV<0$,表明增量投资不可接受,投资(现值)小的方案较投资(现值)大的方案优。

值得注意的是,增量净现值指标只能反映增量现金流量的经济性(相对经济效果),不能反映各方案自身的经济性(绝对经济效果),故增量净现值只能用于方案间的比较(相对效果检验),不能仅根据ΔNPV的大小判断方案的取舍。

【例3-17】 方案A、B是互斥方案,其各年的现金流量见表3-11,用增量净现值指标对A、B互斥方案进行评价选择。

互斥方案A、B的现金流量及经济效果指标(单位:万元) 表3-11

各年末及NPV、NAV	0	1~10	NPV	NAV
方案A	-400	80	91.52	14.89
方案B	-300	56	44.06	7.18
增量净现金流量	-100	24	47.46	7.71

解:

$$\Delta NPV_{A-B} = -100 + 24 \times \frac{(1+10\%)^{10}-1}{(1+10\%)^{10}\times 10\%} = 47.46(\text{万元})$$

或
$$\Delta NPV_{A-B} = NPV_A - NPV_B = 91.52 - 44.06 = 47.46(\text{万元})$$

因为$\Delta NPV_{A-B}>0$,所以A方案优于B方案。

显然,用增量分析法计算两方案的增量净现值,进行互斥方案比选,与分别计算两方案的净现值,用最大准则进行互斥方案比选结论是一致的。因此,实际工作中应根据具体情况选择比较方便的比选方法。当有多个互斥方案时,直接用净现值最大准则选择最优方案比两两比较的增量分析更为简便。

2. 增量内部收益率(ΔIRR)

增量内部收益率(亦称差额内部收益率),简单地说就是两方案增量净现值等于零时的折现值。差额内部收益率的计算表达式为:

$$\Delta NPV(\Delta IRR) = \sum_{t=0}^{n}(\Delta CI_t - \Delta CO_t)(1+\Delta IRR)^{-t} = 0 \tag{3-28}$$

式中:ΔIRR——差额内部收益率;

ΔCI_t——方案 A 与方案 B 第 t 年的增量现金流入,即 $\Delta CI_t = CI_{tA} - CI_{tB}$;

ΔCO_t——方案 A 与方案 B 第 t 年的增量现金流出,即 $\Delta CO_t = CO_{tA} + CO_{tB}$。

将式(3-28)变换,即

$$\sum_{t=0}^{n}(CI_{tA} - CO_{tA})(1+\Delta IRR)^{-t} = \sum_{t=0}^{n}(CI_{tB} - CO_{tB})(1+\Delta IRR)^{-t}$$

即

$$NPV_A(\Delta IRR) = NPV_B(\Delta IRR) \tag{3-29}$$

式中:NPV_A——方案 A 的净现值;

NPV_B——方案 B 的净现值。

因此,差额内部收益率的另一种解释是:使两个方案净现值(或净年值)相等时的折现率。

应该指出,采用差额内部收益率法比较和评选方案时,相比较的方案必须寿命期相等或具有相同的计算期。差额内部收益率法计算式是高次方程,不易直接求解,故仍采用与求内部收益率相同的方法,即线性内插法求解。

差额内部收益率法的判断准则:计算求得的差额内部收益率 ΔIRR 与基准收益率 i_0 相比较,当 $\Delta IRR > i_0$ 时,则投资大的方案为优;反之,当 $\Delta IRR < i_0$ 时,则投资小的方案为优;当 $\Delta IRR = i_0$ 时,两种投资方案的经济效果是一样的。用差额内部收益率进行方案比较的情形如图 3-11 所示。

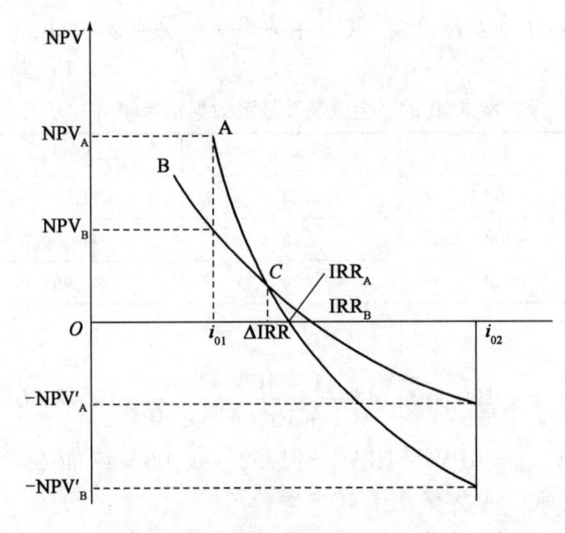

图 3-11 净现值、差额投资内部收益率和内部收益间的关系

在图3-11中,C点为两方案净现值函数曲线A与B的交点,在此点两个方案净现值相等。因此,根据差额内部收益率含义,C点对应的内部收益率应为两方案的差额内部收益率ΔIRR。由图可见,用净现值法、差额内部收益率法和内部收益率法评价和比较选择方案时有如下关系:

在图3-11中,当$\Delta IRR > i_{01}$时,按照净现值法判别准则,净现值大的方案A为优;按照差额投资内部收益率法判别准则,投资大的方案A为优;按照内部收益率法判别准则,内部收益率大的方案B为优。由此可见,在$\Delta IRR > i_{01}$的条件下,净现值法和差额内部收益率法评价结论是一致的,但是与内部收益率法评价结论相悖。所以,差额内部收益率法与内部收益率法结论不一致。因此可知,在方案评价中,仅按内部收益率法的判别准则比较和选择互斥的最优可行方案,有时不能保证结论的正确性。

在图3-11中,当$\Delta IRR < i_{02}$时,按照差额内部收益率法判别准则,投资小的方案B为优;按照净现值法判别准则,净现值大的方案B为优;按照内部收益率法判别准则,内部收益率大的方案B为优。由此可见,在$\Delta IRR < i_{02}$的条件下,净现值法、差额内部收益率法以及内部收益率法的评价比选结论是一致的。

所以,采用差额内部收益率法进行方案比较时,不论设定折现率为i_{01}还是i_{02},其评价和比较选择结论均与净现值法结论相同。在方案比较中,一般不直接采用内部收益率指标进行比较,而是采用净现值和差额投资内部收益率作为比较指标。

用差额内部收益率对多个互斥方案比较选优时,先按投资大小由小到大排列,然后再依次就相邻方案两两比较。计算出相比较的两个方案的差额内部收益率ΔIRR,若$\Delta IRR > i_0$,则保留投资大的方案;若$\Delta IRR < i_0$,则保留投资小的方案。被保留方案再与下一个相邻方案相比较,计算ΔIRR,取舍依据同前述,以此类推,直到比较完所有方案,选出最优方案。

还应当指出的是,ΔIRR只能反映增量现金流量的经济性(相对经济效果),不能反映各方案自身的经济性(绝对经济效果)。故差额内部收益率只能用于方案间的比较(相对效果试验),不能仅根据ΔIRR数值的大小判定方案的取舍。所以用差额内部收益率对多方案进行评价和比选时,其前提是每个方案经评价后都是可行的,或者至少排在最前面的投资最少的方案是可行的,比较到最后所保留的方案一定是最优、可行方案。

【例3-18】 设有两个互斥方案,其使用寿命相同,有关资料见表3-12,折现率$i_0 = 15\%$。试用净现值和差额内部收益率法比较和选择最优可行方案。

方案1和2的有关资料表(单位:万元) 表3-12

项　目	投资K(0年末发生)	年收入CI	年支出CO	净残值S_v	使用寿命(年)
方案1	5000	1600	400	200	10
方案2	6000	2000	600	0	10

解:(1)计算净现值,判断可行性。

$$NPV_1 = -5000 + 1200 \times \frac{(1+15\%)^{10}-1}{(1+15\%)^{10} \times 15\%} + \frac{200}{(1+15\%)^{10}} = 1072(\text{万元})$$

$$NPV_2 = -6000 + 1400 \times \frac{(1+15\%)^{10}-1}{(1+15\%)^{10} \times 15\%} = 1027(\text{万元})$$

因为$NPV_1 > NPV_2 > 0$,所以两方案均可行,方案1优于方案2。

(2)计算差额投资内部收益率,比较和选择最优可行方案。

$$\Delta NPV = -1000 + 200\frac{(1+i)^{10}-1}{(1+i)^{10}\times i} - \frac{200}{(1+i)^{10}}$$

设 $i_1 = 12\%$,则

$$\Delta NPV(i_1) = -1000 + 200\frac{(1+12\%)^{10}-1}{(1+12\%)^{10}\times 12\%} - \frac{200}{(1+12\%)^{10}} = 66(万元)$$

设 $i_2 = 14\%$,则

$$\Delta NPV(i_2) = -1000 + 200\frac{(1+14\%)^{10}-1}{(1+14\%)^{10}\times 14\%} - \frac{200}{(1+14\%)^{10}} = -10(万元)$$

用线性内插法计算求得差额投资内部收益率为:

$$\begin{aligned}\Delta IRR &= i_1 + \Delta NPV(i_1)/[\Delta NPV(i_1) + |\Delta NPV(i_2)|](i_2 - i_1)\\ &= 12\% + 66/(66+10)(14\% - 12\%) = 13.7\%\end{aligned}$$

因为 $\Delta IRR = 13.7\% < i_0 = 15\%$,所以投资小的方案1为优,此结果与净现值法评价结果一致。

差额内部收益率也可用于仅有费用现金流量的互斥方案比选。比选结论与费用现值法和费用年值法一致。在这种情况下,实际上是把增量投资所导致的对其他费用的节约看成是增量收益。计算仅有费用现金流量的互斥方案的差额内部收益率的方程,可以按两方案费用现值相等或增量费用现金流现值之和等于零的方式建立。

【例3-19】 A、B两个能满足相同需要的互斥方案的费用现金流见表3-13。试用差额内部收益率在两个方案之间做出选择($i_0 = 10\%$)。

方案A、B的费用现金流(万元) 表3-13

项目	投资	其他费用支出
	0年	1~15年
方案A	100	11.68
方案B	150	6.55
增量费用现金流B-A	50	-5.13

解:根据表3-12最末一行的增量费用现金流列出求解ΔIRR的方程,即

$$50 - 5.13\times\frac{(1+\Delta IRR)^{15}-1}{(1+\Delta IRR)^{15}\cdot\Delta IRR} = 0$$

解得 $\Delta IRR = 6\%$,$\Delta IRR < i_0 = 10\%$,故可判定投资小的方案A优于投资大的方案B。

第四节 寿命不同和寿命期无限的互斥方案比选

一、寿命期不同的互斥方案比选

第三节中讲述的方案选择都假定各方案的投资寿命期(服务年限)完全相同,这样,评价

各方案的经济效果在时间上具有可比性。但是,现实中很多方案的寿命期往往是不同的,例如,在修建各条公路时,若要比较寿命期不同方案的优劣,要采用合理的评价指标或方法,使之具有时间上的可比性。就评价的基本原则而言,寿命不等的互斥方案经济效果评价与寿命相等的互斥方案经济效果评价一样,通常都应进行各方案的绝对效果检验与方案间的相对效果检验(对于仅有费用现金流量的互斥方案,只进行相对效果检验)。方案绝对效果检验的方法前面已经介绍,下面主要讨论寿命不等互斥方案相对效果的检验(方案比较选择)。本节主要介绍最小公倍数法、年值法两种寿命不同的方案比选方法。

1. 最小公倍数法

最小公倍数法(方案重复法)以不同方案使用寿命的最小公倍数作为共同的计算期,并假定每一方案在这一期间内反复实施,以满足不变的需求,据此算出计算期内各方案的净现值(或费用现值),净现值较大(或费用现值最小)的为最佳方案。

设第 i 个方案在自身寿命周期(n_i)内的净现值为 NPV_i,各方案寿命的最小公倍数为 N,基准折现率为 i_0,则第 i 个方案在 N 时间内的净现值 NPV 与自身寿命周期的净现值 NPV_i^N 的关系为:

$$NPV_i^N = NPV_i[1 + (1 + i_0)^{-n_i} + (1 + i_0)^{-2n_i} + \cdots + (1 + i_0)^{-mn_i}] = NPV_i \sum (1 + i_0)^{-tn_i} \tag{3-30}$$

式中:m——方案 i 在时间 N 内的重复次数。

【例 3-20】 A、B 两个互斥方案各年的现金流量见表 3-14,基准收益率 $i_0 = 10\%$,试比选方案。

寿命不等的互斥方案的现金流量 表 3-14

方案	投资(万元)	年净现金流量(万元)	残值(万元)	寿命(年)
A	-10	3	1.5	6
B	-15	4	2	9

解: 以 A、B 方案寿命的最小公倍数 18 年为计算期,A 方案重复实施 3 次,B 方案重复实施 2 次。则方案在计算期内的净现值为:

$$NPV_A = -10 - \frac{10}{(1+10\%)^6} - \frac{10}{(1+10\%)^{12}} + 3 \times \frac{(1+10\%)^{18} - 1}{(1+10\%)^{18} \times 10\%} + \frac{1.5}{(1+10\%)^6} + \frac{1.5}{(1+10\%)^{12}} + \frac{1.5}{(1+10\%)^{18}} = 7.37(\text{万元})$$

$$NPV_B = -15 - \frac{15}{(1+10\%)^9} + 4 \times \frac{(1+10\%)^{18} - 1}{(1+10\%)^{18} \times 10\%} + \frac{2}{(1+10\%)^9} + \frac{1.5}{(1+10\%)^{18}} = 12.67(\text{万元})$$

$NPV_B > NPV_A > 0$,故 B 方案较优。

这种方法适合被比较方案寿命的最小公倍数较小,且各方案在重复过程中现金流量不会发生太大变化的情况,否则可能得出不正确的结论。因此采用这种方法的关键是对各方案在重复过程中的现金流量作出比较合理的估计和预测,力求评价的正确性。

2. 年值法

用年值法进行寿命不同的互斥方案比选,实际上隐含着这样一种假定:各备选方案在其寿命结束时均可按原方案重复实施无限次,因为一个方案无论重复实施多少次,其年值是不变的。在这一假定前提下,年值法以年为时间单位比较各方案的经济效果,从而使寿命不同的互斥方案间具有可比性。当被比较方案投资在先,且以后各年现金流量相同时,采用年值法最为简便。

(1)净年值法

对寿命不等的互斥方案进行比选时,净年值法是最为简便的方法。

设 m 个互斥方案寿命期分别为 $N_j(j=1,2,\cdots,m)$ 的方案在其寿命期内的净年值为:

$$\begin{aligned}NAV_j &= NPV_j \cdot \frac{(1+i_0)^{n_j} i_0}{(1+i_0)^{n_j}-1} \\ &= \sum_{t=0}^{n} (CI_j - CO_j)_t (1+i_0)^{-t} \frac{(1+i_0)^{n_j} i_0}{(1+i_0)^{n_j}-1}\end{aligned} \tag{3-31}$$

用净年值指标进行多方案的比选时,可按下面的步骤进行:

①计算各待选方案的净年值,淘汰净年值小于零的方案;

②余下的方案中,净年值越大,表明方案的经济效益越好。

以【例3-20】为例,用净年值法进行比选。

A、B两方案的净年值分别是:

$$NAV_A = -10\frac{(1+10\%)^6 \times 10\%}{(1+10\%)^6-1} + 3 + \frac{1.5\times 10\%}{(1+10\%)^6-1} = 0.898(\text{万元})$$

$$NAV_B = -15\frac{(1+10\%)^9 \times 10\%}{(1+10\%)^9-1} + 4 + \frac{2\times 10\%}{(1+10\%)^9-1} = 1.543(\text{万元})$$

因 $NAV_B > NAV_A$,故B方案较优,同最小公倍数法所得结论一致。

(2)费用年值法

用费用年值指标进行多方案的比选时,费用年值越小,表明方案在经济上越可行。

【例3-21】 互斥方案A、B具有相同的产出,方案A寿命期 $n=10$ 年,方案B寿命期 $n=15$ 年。两方案的费用现金流如表3-15所示,试选优($i=10\%$)。

方案A、B的费用现金流量(万元) 表3-15

年	0	1	2~10	11~15
类目	投资		经营费用	
方案A	100	100	60	—
方案B	100	140	40	40

解:

$$\begin{aligned}AC_A &= \left[100 + \frac{100}{1+10\%} + 60\times\frac{(1+10\%)^9-1}{(1+10\%)^9\times 10\%} \div (1+10\%)\right]\frac{(1+10\%)^{10}\times 10\%}{(1+10\%)^{10}-1} \\ &= 82.2(\text{万元})\end{aligned}$$

$$\begin{aligned}AC_B &= \left[100 + \frac{140}{1+10\%} + 40\times\frac{(1+10\%)^{14}-1}{(1+10\%)^{14}\times 10\%} \div (1+10\%)\right]\frac{(1+10\%)^{15}\times 10\%}{(1+10\%)^{15}-1} \\ &= 65.1(\text{万元})\end{aligned}$$

$AC_B < AC_A$,故选B方案优于A方案。

二、寿命期无限的互斥方案比选

按照资金的等值原理，已知 $P = A \times \frac{(1+i)^n - 1}{i(1+i)^n} = A \times \frac{1}{i}\left[1 - \frac{1}{(1+i)^n}\right]$。

当 $n \to \infty$ 时，

$$P = \lim_{n \to \infty}\left\{A \times \frac{1}{i}\left[1 - \frac{1}{(1+i)^n}\right]\right\} = \frac{A}{i} \tag{3-32}$$

应用上面两式可以方便地解决无限寿命期互斥方案的比较问题。

一些公共事业工程项目方案（如铁路、桥梁）可以通过大修或反复更新使其寿命延长至很长的年限直到无限，这时其现金流量大致也是周期性地重复出现。这类问题可用式(3-32)来解决。

【例 3-22】 某桥梁工程，初步拟定 2 个结构类型方案供备选。A 方案为钢筋混凝土结构，初始投资 15000 万元，年维护费为 100 万元，每 5 年大修一次费用为 1000 万元；B 方案为钢结构，初始投资 20000 万元，年维护费为 50 万元，每 10 年大修一次费用为 1000 万元。折现率为 5%，试比较哪个方案更经济？

解：(1)现值法

A 方案的费用现值为：

$$PC_A = 15000 + \frac{100}{5\%} + 1000 \times \frac{5\%}{(1+5\%)^5 - 1} \div 5\% = 20619.50(\text{万元})$$

B 方案的费用现值为：

$$PC_B = 20000 + \frac{50}{5\%} + 1000 \times \frac{5\%}{(1+5\%)^{10} - 1} \div 5\% = 22590.09(\text{万元})$$

$PC_A < PC_B$，故 A 方案经济。

(2)年值法

A 方案的费用年值为：

$$AC_A = 100 + 1000 \times \frac{5\%}{(1+5\%)^5 - 1} + 15000 \times 5\% = 1030.97(\text{万元})$$

B 方案的费用年值为：

$$AC_B = 50 + 1000 \times \frac{5\%}{(1+5\%)^{10} - 1} + 20000 \times 5\% = 1129.50(\text{万元})$$

$AC_A < AC_B$，故 A 方案经济。

本章小结

本章前两节主要讲授了资金的价值随时间变化而变化的资金运动规律。资金的时间价值的体现之一就是利息，利息的计算有单利和复利之分，本章要求重点掌握一定利率下，按复利法进行等值计算的方法。

后两节介绍了动态经济分析法以及寿命期不等、寿命期无限的互斥方案比选方法。动态经济分析法主要包括现值法、年值法、内部收益率法、动态投资回收期法、效益费用比法和增量分析法六种。在独立方案中用净现值、净年值和内部收益率指标来评价项目的可行性,结论是一致的。在互斥方案中,净现值最大准则、净年值最大准则、费用年值和费用现值最小准则是正确的判断准则。互斥方案比较中,一般不直接采用内部收益率进行比较,增量分析法、年值法、效益费用比法只适用于互斥方案的优劣排序,不能决定方案的取舍。

对寿命不等的互斥方案的比较可以采用最小公倍数法或年值法进行分析,而 $P = A/i(n \to \infty)$ 这一推导式对寿命期无限的互斥方案比选起到了重要作用。

1. 什么是资金的时间价值,学习资金的时间价值理论有何意义?

2. 什么是现金流量和现金流量图?

3. 何为资金等值?常用的资金等值换算公式有哪些?

4. 什么是利息、利率?单利分析和复利分析有何区别?

5. 什么是名义利率和有效利率?二者有何关系?

6. 向银行借款10万元,借期5年,年利率6%,试用单利法和复利法分别计算借款利息和本利和。

7. 若银行给出的年利率为12%,按月计息,求:①一个月的有效利率;②一年的有效利率;③三年的有效利率。

8. 某人购房贷款30万元,按月等额偿还,20年还清,月利率为0.5%,每月应还多少?若在偿还了15年以后,要将余下的欠款一次还清,应还多少?若偿还了15年以后,继续按原约定偿还,但贷款月利率上调为0.52%,以后每月应还多少?

9. 下列等额支付的终值和现值各为多少?

(1)年利率为6%,每年末借款5000元,连续借款10年。

(2)年利率为6%,每年初借款5000元,连续借款10年。

(3)年利率为6%,每季度计息一次,每季度末借款5000元,连续借款10年。

(4)年利率为6%,每季度计息一次,每年末借款5000元,连续借款10年。

10. 某公司购买一台机器,预计使用12年,每3年大修一次,每次大修费假定为5000元,现在存入银行多少钱才足以支付12年期间的大修费用?(年利率12%,半年计息一次)

11. 两种施工设备投资收益见表3-16,基准收益率为8%,用效益费用比分析法比选A、B方案。

两种施工设备投资收益(单位:元)　　表3-16

年	0	1	2	3	4	5	6	7	8
方案A	-2000	1000	850	700	550	400	400	400	400
方案B	-1500	700	300	300	300	300	400	500	600

12. 设有两种可供选择的挖掘机方案1、2,均能满足同样的工作需求,其有关资料见表3-17。设收益率为15%,试评价和选择最优方案。

两种挖掘机方案有关资料(单位:万元) 表3-17

方案	投资 (寿命期初投入)	年经营费用	净残值	使用寿命 (年)
方案1	3000	2000	500	3
方案2	4000	1600	0	5

13. 方案A、B计算期内各年的净现金流量见表3-18,基准投资收益率为10%,计算两个方案的净现值和净年值。

方案A、B计算期内各年的净现金流量(单位:万元) 表3-18

年	0	1	2	3	4	5
方案A	-100	50	50	50	50	50
方案B	-100	30	45	55	60	70

14. 某项目初始投资100万元,年净收益为25万元,基准投资收益率为12%,寿命期8年,分别计算该项目的静态投资回收期、动态投资回收期和内部收益率。

15. 某项目有3个互斥投资方案,见表3-19,基准折现率为10%,分别用差额净现值法、差额内部收益率法选择最佳方案。

某项目的3个互斥型投资方案 表3-19

方案	A	B	C
投资(万元)	2000	3000	4000
年收益(万元)	580	780	920
寿命(年)	10	10	10

16. 有两个互斥方案A和B,具有相同的产出,两方案的投资和每年的净收入见表3-20。方案A的寿命为10年,方案B的寿命为6年。若基准折现率为5%,分别用最小公倍数法和净年值法比选方案。

A、B两方案的投资和每年的净收入(单位:万元) 表3-20

方案	投资		年净收入	
	0年	1年	2~6年	7~10年
方案A	-200	-100	60	50
方案B	-300	-200	150	—

第四章 CHAPTER FOUR 公路工程项目效益费用分析

1. 能描述国民经济评价与财务评价的概念、区别。
2. 了解国民经济评价与财务评价在公路工程中的作用。
3. 了解国民经济评价与财务评价的评价指标及评价标准。
4. 了解国民经济评价理论。
5. 掌握公路工程建设项目经济费用与经济效益的确定方法。

第一节 公路工程项目的国民经济评价与财务评价

公路工程项目的经济评价工作,就是根据国家经济发展规划和有关技术经济政策的要求,结合交通量预测和工程技术研究情况,计算项目的投入(费用)与产出(效益),通过多种经济指标的分析比较,对拟建项目的经济合理性和财务可行性作出评价,为项目决策和建设方案的比选提供科学依据。

建设项目经济评价是项目可行性研究的有机组成部分和重要内容,通常分为国民经济评价和财务评价。

一、基本概念

1. 国民经济评价

国民经济评价又叫效益费用分析或宏观经济分析,它将建设项目置于国民经济大系统中,从国家和社会的角度出发来分析建设项目的国民经济特征,通过比较拟建项目建设中所消耗的价值以及该项目建成后所产生的国民经济效益来计算该项目的经济效果,评价该项目的经济可行性。公路工程项目的国民经济评价是指应用国民经济评价的基础理论,结合公路工程项目的经济特征来对其进行效益费用分析的过程。

进行公路工程项目国民经济评价的最终目的是使短期和长期的资源得到最优配置。从国民经济的宏观管理角度来看,国民经济评价可以使社会的有效资源得到最优利用,发挥资源的最大效益,促进经济的稳定发展。

2. 财务评价

财务评价是根据国家现行财税制度和价格体系,从企业和项目的角度出发,分析计算项目的财务效益和费用,编制财务报表,计算财务评价指标,考查项目的盈利能力、清偿能力等财务状况,以判别项目的财务可行性。财务评价所考查的是项目清偿能力和盈利能力,追求的是企业盈利最大化,考查的对象是项目本身的直接效益和直接费用。由于评价范围较窄,故称为微观评价或微观经济分析。

对中外合资公路建设项目、世界银行贷款公路建设项目以及其他必须偿还建设投资的公路建设项目,都必须作财务评价。

加强公路工程项目的财务评价具有如下作用:

(1)有利于改善公路投资结构,多渠道筹集资金,刺激社会资金在公路建设上的投入,加强公路建设资金的综合利用,加快公路建设事业的发展,加速公路建设资金市场的形成。

(2)有利于合理利用公路建设资金,将有限的公路建设资金投入到财务效果最好的公路工程项目中,加速公路建设资金的周转,提高公路建设资金的使用效益。

(3)有利于加强收费管理和监督,防止各地滥收费用的现象。

3. 二者的区别与联系

财务评价与国民经济评价既有区别又有联系。其区别主要如下:

(1)财务评价与国民经济评价的立场与角度不同。财务评价从投资者的立场和角度来考查建设项目的经济效果,而国民经济评价则从全社会公路使用者的角度(国家和社会的角度)来考查建设项目的经济效果。

(2)投入的计算内容和方法不同。财务评价所考查的投入是投资者的财务支出,而国民经济评价所考查的投入是公路工程项目所消耗的各种费用。在计算过程中,项目的财务建设投资是在投资估算的基础上剔除工程造价增涨预留费后计算出来的;而项目经济建设费用则是按照机会成本来计算建设项目所消耗的各种资源的价值的,在计算中应在投资估算的基础上按照影子价格计算建设项目所消耗的各种资源的价值,并剔除估算中的利润、税金、贷款利息、工程造价增涨预留费、供电贴费等费用。

(3)产出的计算内容与方法不同。财务评价中的产出是投资者的财务收益,而国民经济评价所考查的产出是公路工程项目能为公路使用者带来的效益。

(4)采用的价格不同。财务评价采用的价格是市场(不变)价格,而国民经济评价采用的价格是影子价格。

(5)主要参数不同。财务评价所使用的参数有官方汇率、行业贴现率、行业基准回收期,而国民经济评价采用的参数为影子汇率、社会贴现率及国民经济评价基准回收期。

当然,财务评价与国民经济评价也有很多相同的地方,如财务评价和国民经济评价的指标与方法相同,采用的计算期相同,财务评价和国民经济评价指标中采用的价格都应剔除通货膨胀因素等。

对于同一个项目,两种评价的结果可能不同。当财务评价认为不可行,而国民经济评价认为可行时,由于财务评价反映的是项目实施者的效益,若想使项目具有一定的生存能力,必须采用诸如减少税金、关税或给予一定的政策性补贴等经济政策,使财务评价成为可行;反之,财务评价认为可行,而国民经济评价认为不可行时,此项目应予以否定,否则将产生不利于国民经济发展的情况。

二、评价模型

1. 公路工程项目的国民经济评价模型

公路工程项目国民经济评价现金流量图如图4-1所示。

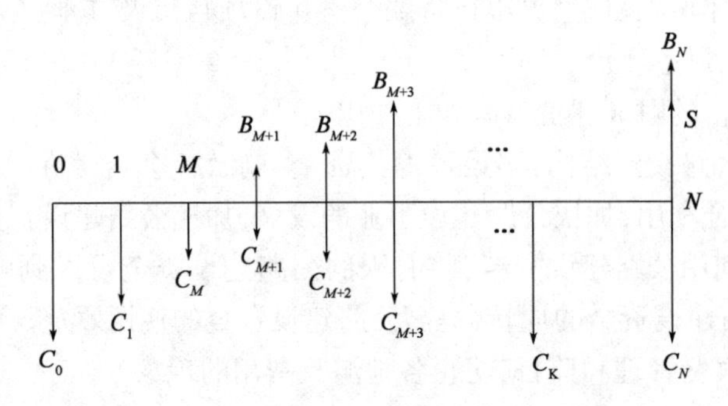

图4-1 公路工程项目国民经济评价现金流量图

在图4-1所示的现金流量模型中,各种符号的含义分别如下。

(1)年度建设费用分别用符号 $C_0, C_1, \cdots, C_M$ 表示。它是指公路工程项目建设中所消耗的各种资源的价值。对收费公路而言,还包括各种收费设施建设中所消耗的资源的价值。

(2)年度营运费用分别用符号 $C_{M+1}, C_{M+2}, \cdots, C_N$ 表示。它是指公路工程项目在竣工后、使用过程中,为公路工程项目营运所进行的维护和管理所消耗的各种资源的价值。对收费公路而言,还应包括收费管理中所消耗的各种资源的价值以及为维护收费设施所消耗的各种资源的价值。

(3)年度效益分别用符号 $B_{M+1}, B_{M+2}, \cdots, B_N$ 表示。它是指公路工程项目在营运中创造的国民经济效益。

(4)大修理费用用符号 C_K 表示,即公路工程项目在大修期间所消耗的各种资源的价值。

(5)评价年限用符号 N 表示。高速公路评价年限一般按投入使用后20年考虑。

(6)项目建设期用符号 M 表示,其建设时间需在公路可行性研究中确定。

(7)评价期末的残值用符号 S 表示。一般按项目建设费用的50%考虑。

2. 财务评价模型

财务评价基本模型的现金流量图与图4-1相同,只是各符号的含义不一样。

(1)年度投资,指公路工程项目在建设过程中的各种财务支出,包括建筑安装工程费、设备工具器具购置费以及工程建设中的其他费用和预留费,对收费公路而言,还应包括收费系统和各种收费设施的建设费。全部建设投资可按现行《公路工程建设项目投资估算编制办法》(JTG 3820)的规定进行计算,但应剔除或部分剔除估算中的“工程造价增涨预留费”,因为财务评价中的所有价格都不考虑通货膨胀因素。

(2)年度营运费,指公路营运中所应支付的公路养护费、交通管理费、收费人员开支、收费系统及收费设施维护费以及税费等。其费用是以市场(不变)价格为基础估算出来的,估算方法可采用类比法。

(3)年度收入,应包括车辆通行费、车船使用税、车辆购置附加费、客运附加费等各种收入。其计算方法如下:

年车辆通行费收入 = 年交通量 × 每辆车通行费收费标准

年车船使用税收入 = 年交通量 × 新建项目长度 × 每车每年车船使用税征收额 ÷ 每车每年平均行驶里程

年车辆购置附加费收入 = 年交通量 × 新建项目长度 × 每车交纳的车辆购置附加费 ÷ 汽车在其寿命期内的平均行驶里程

年客运附加费收入 = 年客运周转量 × 客运附加费收费标准

$$\text{年养路费收入} = \text{年交通量} \times \text{每车千米平均燃油消耗量} \times \text{新建项目长度} \times \text{燃油价} \times \frac{r}{1+r}$$

式中:r——燃油税税率。

(4)大修理费,按市场(不变)价格进行大修理费投资估算。

(5)项目评价年限,按项目竣工投入使用后20年考虑,对收费公路以及BOT(Build-Operate-Transfer的缩写,即建设-经营-转让)项目应按允许的收费时间来考虑。

(6)项目评价期末的残值,按项目建设投资的50%考虑,对BOT项目,由于特许经营期结束后该项目要无偿交还给国家,因此财务评价中项目的残值按0考虑。

根据财务评价基本模型得出的计算指标,性质上类似于工业建设项目的投资利税率指标。

三、评价指标与标准

1. 公路工程项目的国民经济评价指标与评价标准

公路工程项目的国民经济评价指标包括经济净现值、经济效益费用比、经济内部收益率、经济投资回收期。这4个指标的计算方法在第三章中已作了详细讲解,这里仅就其在国民经济评价中的应用作简要介绍。

(1)经济净现值(ENPV)

经济净现值是用社会经济贴现率将项目计算期内各年的净效益折算到建设期初的现值之和。

当计算结果大于零时,表示在国家规定的社会经济贴现率条件下,项目可以得到超额经济效益,项目是可行的;当计算结果等于零时,说明项目占用投资正好满足社会经济折现率的要求,项目也是可行的;而当计算结果小于零时,说明项目达不到在社会经济贴现率条件下为社会做出贡献的要求,因而项目是不可行的。

(2)经济效益费用比(EBCR)

经济效益费用比的基本原理是根据货币时间价值规律,按同一时间和同一折现率计算出项目各年的费用现值和效益现值总和,然后进行比较。如果效益成本比大于1,则该项目按其所用社会经济贴现率的获利水平来衡量是合格的;相反,如果效益成本比小于1,则项目是不合格的。这里,社会经济折现率是检验项目可行与否的尺度。

(3)经济内部收益率(EIRR)法

经济内部收益率是使公路项目经济净现值为零时的贴现率。它是4个经济指标中最常用也是最重要的一个指标。

经济内部收益率是一个相对指标,表示项目投资对国民经济的贡献能力。当它大于或等于社会经济贴现率时,项目是可行的,而小于社会经济贴现率时则是不可行的。

前面介绍的效益成本比和净现值两个指标,都是在基于社会经济贴现率标准的基础上计算的。它可以判断某个公路项目合格还是不合格,可行还是不可行,达到标准、超过标准或是不够标准。而经济内部收益率则不同,它是试探项目获利水平高低的尺度,它可以检验一个公路项目究竟能达到多高的收益水平。而效益成本比和净现值却不能告诉我们一个项目可能达到的最高获利水平。如果想既要知道项目是否可行,又想从选定项目或方案中直接比较选出获益能力最高的项目,经济内部收益率是一种比较理想的方法。

经济内部收益率的不足在于,它是一个相对比率,不能反映项目的效益现值总额,也不能反映成本与效益之间的差异。

(4)经济投资回收期(N)法

经济投资回收期是反映项目对投入资源清偿能力的重要指标,它的经济含义是通过项目的净收益来回收总投资所需要的时间。计算回收期有静态和动态两种方法。静态计算不考虑货币的时间价值。动态计算则需要将项目的成本和收益按社会经济贴现率折算到同一时间点上,计算其现值,然后再计算经济投资回收期,将计算出的投资回收期与部门或行业的基准投资回收期进行比较,经济投资回收期小于基准投资回收期的项目是可行的。

静态投资回收期作为评价指标,在国际上已使用了几十年,它的主要优点是容易理解,计算方便,主要缺点是没有考虑货币的时间价值。动态投资回收期的优点是考虑了货币的时间价值,能真正反映资金的回收时间,缺点是计算比较麻烦。但两种评价方法都有一个共同的缺点,就是忽视了对项目的总收益和获利能力的分析。

公路项目经济投资回收期一般按动态计算。

上述4个评价指标各有长处与不足。经济效益成本比、经济净现值虽然可以对不同备选项目进行比较,确定最佳方案,但社会经济济贴现率的选定却有一定的主观因素,而它恰恰又是这两种方法的关键,是影响评估结果的最敏感的因素。这一缺点,可以用经济内部收益率来弥补,在应用经济内部收益率指标时,计算时采用什么贴现率已不再是关键因素。但是,经济内部收益率也有其自身的不足,因为它是一个比率,如果单凭这个指标取舍项目,则可能失去一些经济内部收益率虽然较低但经济净现值很高的项目投资机会。投资回收期比较直观,容易理解,但这个指标却不能反映项目在计算期内的总收益和获利能力,如果仅采用投资回收期指标评价项目,有可能只注重回收时间而淘汰了效益最高的方案,导致结论错误。

总之,在评价公路工程项目时,为了扬长避短,应当同时采用4个指标对项目进行比较与分析。这样才能全面综合地反映项目的优劣,找出最佳方案,达到科学、客观与公正。应注意的是,在进行方案比较的过程中,常采用这几种方法的增量分析法。

2. 财务评价指标与评价标准

财务分析指标可分为反映盈利能力的指标、反映清偿能力的指标和反映外汇平衡能力的指标。

(1)反映盈利能力的指标

①静态评价指标。静态评价指标是指在计算时不考虑货币的时间价值影响的指标,主要有以下几种:

a. 投资利润率。

$$\text{投资利润率} = \frac{\text{年利润总额}}{\text{总投资}} \times 100\% \tag{4-1}$$

式中:年利润总额——应选择生产期的平均年利润总额或项目达到设计生产能力后的一个正常生产年份的年利润总额;

总投资——建设投资、建设期利息和流动资金之和。

计算出的投资利润率要与行业规定的标准投资利润率或行业的平均投资利润率进行比较,若大于或等于标准投资利润率或行业平均投资利润率,则项目可行,否则项目不可行。

b. 投资利税率。

$$\text{投资利税率} = \frac{\text{年利税总额}}{\text{总投资}} \times 100\% \tag{4-2}$$

式中:年利税总额——项目的年利润总额、销售税金及附加之和,也可选择生产期平均的年利润总额与销售税金及附加之和。

计算出的投资利税率要与行业规定的标准投资利税率或行业的平均投资利税率进行比较,若大于或等于标准投资利税率或行业平均投资利税率,则项目可行,否则项目不可行。

c. 资本金利润率。

$$\text{资本金利润率(资本金指注册资本金)} = \frac{\text{年利润总额}}{\text{资本金}} \times 100\% \tag{4-3}$$

式中:年利润总额——选取同投资利润率。

计算出的资本金利润率要与行业的平均资本金利润率或投资者的目标资本金利润率进行比较,若前者大于或等于后者,则认为项目是可以考虑接受的。

d. 静态投资回收期。静态投资回收期是指在不考虑货币时间价值的情况下,用生产经营期回收投资的资金来抵偿全部原始投资所需要的时间,一般用年表示。详细计算见第二章。

②动态评价指标。动态评价指标包括财务净现值(FNPV)、财务内部收益率(FIRR)、动态投资回收期(FN)。财务动态评价指标的计算方法同国民经济动态评价指标的计算方法,不同的是式中用到的是企业的财务支出与财务收益,计算结果要与行业内部标准相比较来判断项目在财务上的可行性。

(2)反映清偿能力的指标

①借款偿还期。

$$\text{借款偿还期} = \text{借款偿还后开始出现盈余的年份数} - 1 + \frac{\text{当年应还借款}}{\text{当年可用于还款的收益额}} \tag{4-4}$$

计算出借款偿还期后,要与贷款机构的要求期限进行对比,等于或小于贷款机构的要求期限,即认为项目是有清偿能力的;否则,认为项目没有清偿能力,从清偿能力的角度考虑,则认为项目是不可行的。具体计算见表4-1。

借款偿还期计算(单位:万元)　　表 4-1

序号	项　　目	建　设　期			生　产　期				
		1	2	3	4	5	6	7	8
1	年初欠款累计	0	57896	223277	319274	307553	259652	148422	0
2	本年新增借款	56152	156914	79658					
3	本年应付利息	1744	8467	16339	19827	19099	16124	9217	
4	本年偿还本金	0	0	0	31548	67000	127354	157639	
5	还本资金来源	0	0	0	31548	67000	127354	186243	
5.1	税后利润				–14	35438	95792	154681	154681
5.2	折旧摊销				31562	31562	31562	31562	31562
5.3	其他来源				0	0	0	0	0

注:1. 借款偿还期为 6 + 157639/186243 = 6.85(年)。
2. 年初累计欠款等于上年初累计欠款加上年新增借款及未付利息,减去上年还本后的余额。
3. 本年应付利息按年初累计欠款和本年新增借款的一半为基数,按 6.21% 的利息进行计算。

②财务比率(包括资产负债率、流动比率、速动比率)。

$$资产负债率 = (负债总额 / 资产总额) \times 100\% \tag{4-5}$$

作为提供贷款的机构,可以接受小于或等于 100% 的资产负债率。大于 100%,表明企业已资不抵债,已达到破产警戒线。

$$流动比率 = (流动资产 / 流动负债) \times 100\% \tag{4-6}$$

流动比率应大于 200%,即一元流动负债至少有两元的流动资产作后盾,以保证项目按期偿还短期债务。

$$速动比率 = (速动资产 / 流动负债) \times 100\% \tag{4-7}$$

式中:速动资产 = 流动资产 – 存货。

速动比率是反映项目快速偿付流动负债能力的指标。计算出的速动比率一般应接近 100%。

(3)外汇平衡分析

涉及外汇收支的项目,应进行财务外汇平衡分析,考查各年外汇余缺程度。首先根据各年的外汇收支情况,编制“外汇平衡表”,然后进行分析,考查计算期内各年的外汇余缺程度。一般要求涉及外汇收支的项目要达到外汇的基本平衡。

第二节　国民经济评价理论

国民经济评价的理论基础是市场经济理论,包括对市场经济运行进行调控的宏观经济理论和以完全竞争市场原理为中心的一系列经济学概念,它们构成了国民经济评价的理论基础。现对国民经济评价中最常用概念进行介绍。

一、机会成本

机会成本是指有多种用途的资源在稀缺状态下由于选择某种用途而不得不放弃其他用途所牺牲的最大收益(利润)。公路工程项目投入要素的机会成本概念在国民经济评价中对确定影子价格有着重要的作用。在运用机会成本这一概念时,应注意如下基本条件:

(1)资源是稀缺的、有限的。

(2)资源本身有多种(至少两种)用途。

(3)资源可以自由流动而不受限制。

(4)资源要能够得到充分利用。

如不具备以上条件,机会成本就毫无意义了。

公路项目的国民经济评价,实质上就是机会成本的比较分析。公路建设所耗费的经济资源大多数都是稀缺资源,都要用机会成本概念来决定其影子价格,以判断和衡量项目的经济费用。

(1)自然资源的机会成本

公路项目的自然资源有土地、砂、石等。土地的机会成本是指土地在所处的现实环境条件下可以用于其他用途,获得最大效益机会的收益。例如,如果公路占用的土地只能用于种植,当地种植的农作物有小麦、蔬菜和水果三种机会,从三种产出中所得扣除生产成本,以种植蔬菜年净收益为最大,则无论实际上这些土地在计算期内可能种什么,全部公路占用土地都要以种蔬菜的净收益为其影子价格的计算依据。

砂、石在大多数情况下,也是稀缺的,具有机会成本,它们的影子价格也是失去机会的收益。如果没有任何使用机会,则其影子价格只计算其开采和运输费用。

(2)劳动力机会成本

劳动力机会成本是拟建项目占用的劳动力由于在本项目使用而不能再用于其他地方或享受闲暇时间而被迫放弃的价值,应根据项目所在地的人力资源市场及就业状况、劳动力来源以及技术熟练程度等方面分析确定。

(3)建筑材料和机械设备的机会成本

政府的干预、关税及市场机制不健全等多种原因常常造成建筑材料和机械设备的现行价格与其价值存在偏差,而无法用来衡量它们的经济费用,这时,就要以机会成本为基础调整的影子价格来作为它们的经济费用。

(4)资金的机会成本

所谓资金的机会成本,就是指把资金用在了本项目上,从而放弃了该笔资金在其他项目上的投资机会,被放弃的投资项目中最高的预期内部收益率。

对于国民经济投资来说,由于被放弃的投资项目很多,对比会出现难度,所以通常用反应社会资金平均增值水平的社会折现率代替。

二、转移支付

所谓转移支付,是指经济社会某一类成员所拥有的经济资源转移给另一类成员所有。所有权发生了改变,使社会一部分成员收入增加或减少,而相应另一部分成员的收入则减少或增加;但是这种收入的增加或减少,对于国民经济而言,收入总量未变,即既未增加收入也未耗费资源,只是在社会成员内部出现了资源的转移与调整而已。在进行公路项目的国民经济评价中,这类费用不能作为项目的经济费用或经济收益,需要进行调整。在公路项目的国民经济评价中,经常遇到的转移支付有以下几类:

1. 各类税收

如原材料、设备、燃料等的进口税、营业税、所得税、调节税、关税和增值税等,是政府调节分配和供求关系的手段,属于国民经济内部转移支付。

2. 政府补贴

政府补贴同税金一样,也是一种转移性费用,只是二者的货币流向相反。

政府为了支持某一公路项目的发展,可能会对项目中的某些投入要素进行补贴,使公路项目以低于正常市场价格得到该要素,从而节省了公路项目的开支;但是,这些投入要素被公路项目消耗掉,消耗的真实价值应该由其市场价格来反映,市场价格显然高于公路项目付出的财务价格,原因是有一部分消耗由政府财政补贴抵偿了。因此,补贴不能算作项目的经济效益,应将补贴的数额加入项目的经济费用中以补算项目由于补贴所减少的财务成本。

3. 项目的贷款利息

公路工程项目贷款时发生的利息支出并不反映项目对国民经济资源的消耗,它只是从社会一部分人(项目贷款者)手中转移到另一部分人(如银行)手中。虽然利息是该项目财务成本的一部分,但在计算经济费用时,由于项目付出的利息并未使国民收入减少而不能计入。但是,如果从境外银行贷款,利息付给境外银行,则意味着国民收入减少,应该计入项目的经济费用中。

4. 固定资产折旧

对公路项目来说,各类固定资产折旧是财务成本的重要组成部分,但如果从国民经济角度来看,折旧实际上是对已发生的项目建设费用在公路使用时期的摊销。由于在建设公路时已将建设费用列入经济费用中,如果再用作计算,则会造成重复,其结果是将高估项目的经济费用,低估项目的经济效益。因此,在建成后使用期对项目固定资产的折旧只是一种转移费用,不再计入国民经济费用。必须指出,对于固定资产进行修理和更新时所发生的费用,如车辆、机械等各类固定资产维修费、更新费和保养费等应列入经济费用,因为这类费用意味着实际资源被相应消耗,国民收入也相应减少。

但是,在公路建设过程中,当计算包括施工单位设备的经济成本时,应当计入设备的折旧,因为这部分设备并非公路项目本身投资购置的,也不太可能在同一公路工程项目中使之完全报废,此时这部分设备的经济费用应以在该公路项目建设期内的折旧来进行计算。综上所述,折旧是否计入经济费用,应以其是否真实地减少了国民经济资源上的消耗为判定标准。

根据同样的道理,还可以说明燃料税也是转移支付,这笔费用对于公路使用者是必须计算的财务成本,对公路部门则是一笔收入。但燃料税的使用与它的上缴并非同时发生。当它们被上缴时,没有马上导致国民经济收入的减少,所以不能计为经济费用,只有当它们被用于公路的养护维修与建设而消耗时,才能计为经济费用。

5. 公路项目使用的闲置资源

资源包括自然资源、劳动力资源、资金资源及产品资源等。所谓闲置资源，是指如果不被当时公路项目所使用的某些上述资源，也不会被其他经济活动所使用而闲置的资源。闲置资源在公路项目的国民经济评价中的经济费用都为零。即使公路项目要为工作着的简单劳动力付工资，为砂石的采掘付出报酬，这些工资和报酬也可能是数量可观的财务成本，但它们必须从国民经济费用中抹去。

三、货币的时间价值

货币的时间价值原理在第三章已作过介绍，承认并利用货币的时间价值规律可以使人们在其经济活动中重视并实现货币资金这种稀缺资源的最有效使用；可以根据货币的增值程度来检验、考核资金的运用效果。在货币的时间价值规律支配下，企业随时都重视对资金的占用，随时可采取一切措施使资金加速周转以发挥其最大效用。

对于一个公路工程项目而言，总是先发生建设投资支出，只有当项目建成后，才能出现一系列的收益。从货币的时间价值规律出发，以现在的货币支出额与将来的项目收益额进行比较(传统的静态分析)显然是不合适的，因为二者之间没有可比性。为了正确评价项目的经济效益，必须将所有不同时间发生的支出和收益按照一定的利率贴现到公路项目的一个标准基年，将不同时间发生的成本和收益货币换算为考虑时间价值的可比的货币数量，然后进行比较，才能正确地评价方案的优劣。

四、“有-无”分析法

鉴别公路项目的经济费用和经济效益，并将它们以数量表示进行定量分析的方法有两种：一种是“前-后”对比法，另一种是“有-无”分析法。“前-后”对比法是对项目实现以前和实现以后所出现的各种经济费用和经济效益进行对比，其差别反映了以项目出现前后为分界的经济费用和经济效益改变情况，但该方法没有考虑在没有投资项目情况下可能会发生的情况变化，因此对于项目投资而带来的成本与效益的反映有可能不全面、不真实，甚至不能明确哪些效益是因为有了项目产生的；“有-无”分析法则是对有项目实现和没有项目实现的各种经济费用和经济效益进行比较，其差别就是因投资而产生的效益的真实增加量，它可以清楚地确定有多少效益是归功于该投资项目的。

经济学家一般把不发生变化，可以用“前-后”对比法进行经济评估的项目叫作“治疗性项目”；对于发生变化的项目，经济学家称之为“预防性项目”。对于“预防性项目”，必须采用“有-无”分析法进行经济评估；对于“治疗性项目”，则既可以用“有-无”分析法，也可以用“前-后”对比法进行评估。

公路工程项目基本上都是预防性项目。一般来说，投资额巨大，高等级公路工程项目都分布在经济比较发达、人口密集的经济中心或城市，这些城市(地区)之间，原先都已存在着公路，由于等级低、路面狭窄、通行能力不能适应交通量增长的需要而出现拥挤，导致车辆行驶成本增高、行驶时间增加。此时，无论是在两城市间修建新路还是改造原先的旧路以提高公路等级，都是为了克服原已存在的拥挤及预防未来可能产生的交通进一步恶化，这种变化总是存在的。因此,这类项目都是"预防性项目",必须采用"有-无"分析法进行评估。

五、影子价格

不合理的市场价格不能作为资源配置的正确标准。在公路工程项目的国民经济评价中,经济费用与经济效益的测算都要使用影子价格。影子价格的作用一方面是对扭曲的市场价格进行调整和纠正,从而显示项目经济费用的真实性,以实现社会资源的最优配置和有效利用;另一方面是有利于按政府的投资政策和国情对项目方案做出选择。所以正确理解影子价格的概念,掌握其测定方法,对于切实做好工程项目的国民经济评价工作,有着十分重要的作用。

从理论上说,影子价格是完全竞争市场条件下,资源得到最优配置和最大效率利用时的市场均衡价格。所以在进行国民经济评价时,只要找出完全竞争市场,然后根据完全竞争的市场价格计算资源的费用,该费用就代表了资源的价值(或资源的机会成本)。那么,现实生活中完全竞争市场是否存在呢?应当说,完全符合完全竞争市场条件的市场是不存在的,市场实际价格往往存在着对经济资源配置最优状况的偏离,所以实际价格不能反映国民经济消耗的真实价值。但许多资源的国际市场条件与完全竞争市场结构极为类似,如果假定国际市场是一种完全竞争市场,那么,根据国际市场上资源的价格所得出的费用,就反映了资源的机会成本。实际工作中,通常将根据国际市场价格所确定的资源价格,称为资源的影子价格。当某些资源的国内市场竞争条件符合或接近完全竞争的市场条件时,可直接采取国内市场价格作为该资源的影子价格。

在实际公路项目的国民经济评价中,由于投入要素多种多样,来源渠道亦不相同,把它们的实际价格调整为影子价格的途径和方式也不同。在确定影子价格时,是将项目的投入物分为外贸货物、非外贸货物和特殊投入物三种类型来分别考虑的,外贸货物和非外贸货物统称一般投入物。

1. 一般投入物影子价格的确定方法

公路项目国民经济评价只涉及使用投入物的影子价格,当利用市场价格调整方法确定项目投入物的影子价格时,应按国家颁布的有关要求,本着简明实用的原则,重点调整那些在项目的费用与效益中占有较大比重及市场价格明显扭曲变形的投入物的价格。

(1)外贸货物的影子价格

外贸货物指在国家关税等政策法规的约束条件下,其生产或使用将直接或间接影响国家进出口的货物。判断一种项目投入物是不是可供外贸物品,不仅在于该物品是不是直接进口的,更主要的是判断由于项目的耗用是否增加进口或使出口减少。如果由于项目的耗用使该投入物的进口增加或者使其出口减少,则可断定这种投入物是可供外贸的物品,否则就是不可供外贸的物品。公路工程项目投入物中的外贸货物分为直接进口产品、间接进口产品(国内产品,挤占其他企业的投入物使其增加进口)、减少出口产品(国内产品,挤占原来用于出口、现在也能出口的产品)三类。

对于可供外贸的投入物,其经济费用应按照国际市场价格计算。在具体计算中掌握以下原则:

①直接进口产品的影子价格。直接进口产品的影子价格等于到岸价格乘以影子汇率,加

上国内运输费用和贸易费用。

②间接进口产品的影子价格。间接进口产品的影子价格等于到岸价格乘以影子汇率,加上口岸到原用户的运输费用及贸易费用,减去供应厂到原用户的运输费用及贸易费用,再加上供应厂到拟建项目的运输费用及贸易费用。

原供应厂和用户难以确定时,可按直接进口考虑。

③减少出口产品的影子价格。减少出口产品的影子价格等于离岸价格乘以影子汇率,减去供应厂到口岸的运输费用及贸易费用,再加上供应厂到拟建项目的运输费用及贸易费用。

供应厂难以确定时,可按离岸价格计算。

(2)非外贸货物的影子价格

非外贸货物包括投入项目后不会影响国家进出口的物品,其中一类是“天然”的非外贸货物,如公路、港口、土地、房屋;另一类是由于运输费用过高或受国内国外贸易政策和其他条件限制不能进行外贸的货物。后者在政府通过关税、财政补贴、进行干预时,或者因国内经济结构、产品成本、市场供求关系发生变化时,也可以转化成外贸物品。

非外贸货物影子价格的确定按以下原则进行:

①能通过原有企业挖潜(不增加投资)增加供应的,按可变成本分解定价。

②在拟建项目计算期内需要通过增加投资扩大生产规模满足建设项目需要的,按全部成本(包括可变成本和不可变成本)分解定价。当难以获得分解成本所需资料时,可参照国内市场价格定价。

③项目计算期内,无法通过扩大生产规模增加供应的(减少原用户的供应量),参照国内市场价格和国内统一价格加补贴(如有时)中较高者定价。

非外贸货物的分解成本(影子价格)与其财务价格的比值即为换算系数,将某种非外贸货物的财务价格乘以换算系数,即得该货物的影子价格。2006 年国家发展改革委与建设部颁布的《建设项目经济评价方法与参数》(第 3 版)中,列出了统一测定的部分货物影子价格换算系数,实际工作中可直接使用,但应特别注意其附加条件和说明。

(3)贸易费用

确定公路工程项目投入物的影子价格时,无论是对外贸货物还是非外贸货物,都要先确定其贸易费用。国民经济评价中的贸易费用是指物资系统、外贸公司和各级商业批发站等部门花费在货物流通过程中以影子价格计算的费用。包括货物的经手、储存、再包装、短距离运输、装卸、保险、检验等所有流通环节上的费用支出,也包括流通过程中的损耗以及按社会折现率计算的资金回收费用,但不包括长途运输费用。

贸易费用率是计算贸易费用的一个系数。国家计委[1]规定,一般货物的贸易费用率为 6%,对于少数价格高、体积与重量较小的货物,可适当降低贸易费用率。

外贸货物的贸易费用计算分为进口货物和出口货物两种。其中进口货物的贸易费用计算公式为:

---

[1]国家计委是中华人民共和国国家计划委员会的简称。1998 年,国家计委更名为国家发展计划委员会;2003 年,原国务院体改办和国家经贸委部分职能并入,改组为国家发展和改革委员会。

$$T_r = \text{CIF} \times \text{SER} \times \alpha \tag{4-8}$$

出口货物的贸易费用计算公式为:

$$T_F = (\text{FOB} \times \text{SER} - T)\alpha/(1+\alpha) \tag{4-9}$$

式中:T_r——进口货物的贸易费用;

T_F——出口货物的贸易费用;

CIF——进口货物到岸价;

FOB——出口货物离岸价;

α——贸易费用率;

T——出口货物的国内长途运费。

非外贸货物的贸易费用 T_i的计算公式为:

$$T_i = C_i\alpha \tag{4-10}$$

式中:C_i——货物的出厂影子价格;

其余符号意义同前。

商贸部门未经手而由生产厂家直供的货物,则不计贸易费用。

2.特殊投入物影子价格的确定方法

公路工程项目的特殊投入物,指在性质上不同于一般的投入物,如土地、劳动力、资金等。其影子价格的确定方法各不相同。

(1)社会折现率

社会折现率是资金的影子价格,也叫影子利率,是指资金被占用应获得的最低收益率,反映国家希望建设项目可获得的最低期望盈利率。它体现了从国家角度对资金机会成本和资金的时间价值的估量。

社会折现率是根据我国在一定时期内的投资效益水平、资金机会成本、资金供求状况、合理的投资规模及项目国民经济评价的实际情况来测定的,是国家经济发展目标和宏观控制意图的真实展现。《投资项目可行性研究指南(试用版)》确定的社会折现率为10%;《建设项目经济评价方法与参数》(第3版)推荐的社会折现率则为8%。

(2)影子汇率

汇率是两种不同的国家货币之间的比价。我国政府公布的人民币外汇牌价,即官方汇率是外汇在我国的市场价格。影子汇率是针对官方汇率而言的,影子汇率就是外汇的影子价格,是假定政府不干预外贸(既不对进口物品征税也不对出口物品补贴),由国内国际市场决定的本国货币与国际货币的兑换率。在公路工程项目中,为了正确反映我国利用引进外汇购置公路建设所需设备和原材料等投入物的真实经济价值,必须使用影子汇率。

影子汇率换算系数是影子汇率与官方汇率的比值系数,是由政府部门确定的国家参数。在项目的国民经济评价中,用官方汇率乘以影子汇率换算系数便得到影子汇率,即

$$\text{影子汇率} = \text{官方汇率} \times \text{影子汇率换算系数} \tag{4-11}$$

计算某一年的平均影子汇率可用以下公式求得:

$$\text{SER} = \frac{\text{OER}(C+T+F-S)}{F+C} \tag{4-12}$$

式中:SER——影子汇率;

OER——官方汇率；

C——全部进口货物的到岸价格；

T——全部进口税收入；

F——全部出口货物的离岸价格；

S——出口补贴(若是出口税则可看作负的补贴)。

根据国家的外汇供求情况、进出口结构及换汇成本,目前我国影子汇率换算系数取值为1.08。我国汇率并轨后,国家外汇牌价已基本反映了国际市场的真实价格,在这种情况下,换算系数为1,影子汇率可取外汇买入价与卖出价的平均值。

(3)影子工资

劳动力是一种特殊的生产要素,在建设项目国民经济评价中,劳动力被视为特殊投入物。劳动力的影子价格就是影子工资。

影子工资是指建设项目使用劳动力,国家和社会为此付出的代价。影子工资的大小与国家的社会经济状况、项目的技术含量以及项目所在地劳动力的充裕程度有关,在计算中可用财务评价中的名义工资乘以适当的换算系数。

影子工资换算系数是项目国民经济评价的通用参数,根据我国劳动力的状况、结构以及就业水平,目前国家有关部门规定一般建设项目的影子工资换算系数为1;对于就业压力很大的地区、占用大量非熟练劳动力的项目,换算系数可小于1;对于占用大量短缺的专业技术人员的项目,换算系数可大于1。

(4)土地的影子费用

公路工程项目要占用大量的土地。土地作为可供多种可能用途的稀缺资源,一旦被公路占用,就意味着国民经济放弃了其他用途可能为国民收入增加做出的贡献。因此,在国民经济评价过程中必须给土地一个合适的影子价格。

①如果一个国家土地市场机制比较健全,土地使用权可以自由地在土地批租市场流动,那么土地的影子价格可以近似地用市场价格来表示。只是在确定土地影子价格时,需要从土地市场价格中剔除政府对土地使用权买卖征收的税款部分,因为这部分是转移支付。

②如果土地市场不健全,土地的使用价格因政府的干预存在扭曲,则需要利用机会成本的概念,对当时当地土地可能使用的各种现实用途进行计算,以土地得到最大净收益的机会为计算对象,测算出土地的影子价格。

计算土地机会成本时,应根据项目占用土地的种类,分析项目计算期内技术、环境、政策、适宜性等多方面的约束条件,选择该土地最可行的2至3种替代用途(包括现行用途)进行比较,以其中净效益最大者为计算基础。在难于计算的情况下,可以参考国家发展改革委与建设部颁布的《建设项目经济评价方法与参数》(第3版)中给出的各种不同类型土地的机会成本数据。在选用时,应注意项目所在经济区域、占用的土地类型及最可能的用途等情况。土地机会成本可按下式计算:

$$
\begin{aligned}
\mathrm{OC} &= \sum_{t=1}^{n} B_0 (1+i)^{t+\tau} (1+R)^{-t} \\
&= \begin{cases} B_0 (1+i)^{\tau+1} \dfrac{1-(1+i)^n (1+R)^{-n}}{R-i} & (R \neq i) \\ n B_0 (1+i)^{\tau} & (R = i) \end{cases}
\end{aligned}
\tag{4-13}
$$

式中:OC——土地单位面积的机会成本;

n——项目占用土地的年限,一般为项目计算期;

B_0——基年土地的“最好可行替代用途”的单位面积年净效益;

τ——基年(土地在可行替代用途中的净效益测算年)距项目开工年年数;

t——年序数;

i——土地最好可行替代用途的年平均净效益增长率;

R——社会折现率。

建设项目实际征地费用可分为三部分:属于机会成本性质的费用,如土地补偿费、青苗补偿费等;新增资源消耗费用,如拆迁费用、剩余劳动力安置费、养老保险费、撤组转户老年人保养费等;转移支付费用,如粮食开发基金、耕地占用税等。根据效益和费用划分的原则,在国民经济评价中,前两部分费用应按影子价格进行调整,而第三部分则不计为费用,即

$$\text{土地的影子价格} = \text{土地的机会成本} + \text{新增资源消耗费用} \tag{4-14}$$

【例 4-1】 某运输项目位于长江下游区,共征地 1134 亩(1 亩 $=666.6\text{m}^2$)。2019 年开始征地建设,项目寿命期为 23 年。项目实际征地费用总额为 3968 万元,平均每亩 3.4991 万元,征地费用构成见表 4-2,若社会折现率为 8%,试求该项目征用土地的影子费用。

征地费用构成情况 表 4-2

费用类别	费用(万元)	费用类别	费用(万元)
1. 土地补偿费	406	7. 拆迁总费用	1237
2. 青苗补偿费	34	8. 征地管理费	162
3. 撤组转户老年人保养费	156	9. 粮食开发基金	340
4. 养老保险费	12	10. 耕地占用税	567
5. 剩余农业劳动力安置费	835	总计	3968
6. 农转非人口粮食差价补偿	219		

解:①计算土地机会成本。

在表 4-2 中的实际征地费用中,第 1、2 两项属机会成本性质,应按机会成本计算方法重新计算。该土地的现行用途为种植水稻,经分析,该土地还可种植小麦和蔬菜。根据调查,2018 年(年末)当地种 1 亩水稻或 1 亩小麦或 1 亩蔬菜的净效益分别为 1924 元、1364 元和 2964 元。设蔬菜一年可种 2.5 季,水稻和小麦一年只种一季,空闲时间也可用于种蔬菜。显然,在这三种替代用途中,种蔬菜的净效益最大,为最好的可行替代用途。故基年净效益为:

$$B_0 = 2964 \times 2.5 = 7410(\text{元/亩})$$

设规划期内种蔬菜的年净效益增长率为 $i=2\%$。基年为 2019 年(年初),项目开工年也为 2019 年,故 $\tau=0$。则每亩的机会成本为:

$$\begin{aligned}\text{OC} &= B_0(1+i)^{\tau+1}\frac{1-(1+i)^n(1+R)^{-n}}{R-i}\\ &= 7410\times(1+0.02)\times\frac{1-(1+2\%)^{23}\times(1+8\%)^{-23}}{8\%-2\%}\\ &= 9.2138(\text{万元/亩})\end{aligned}$$

土地的机会成本总额为：

$$1134 \times 9.2138 = 10448.4492(\text{万元})$$

②新增资源消耗费用的计算。

在表4-2的实际征地费用中，新增资源消耗费用由第3～8项组成，总额为2621万元，平均每亩为2.3113万元。新增资源消耗中的拆迁费为主要建筑施工费用，根据国家发展改革委与建设部发布的《建设项目经济评价方法与参数》(第3版)，房屋建筑工程影子价格换算系数为1.1，则拆迁费的影子费用为$1237 \times 1.1 = 1360.7$(万元)，平均每亩费用为1.1999万元。

其余几项新增资源消耗费用不作调整，其总额为1384万元，平均每亩费用为1.2205万元。

③土地的影子价格。

剔除转移支付第9、10两项，则得单位面积土地的影子价格为：

$$9.2138 + 1.1999 + 1.2205 = 11.6342(\text{万元/亩})$$

土地影子价格总额为：

$$1134 \times 11.6342 = 13193.1828(\text{万元})$$

第三节 公路工程项目的经济费用与经济效益

一、公路工程项目的经济费用

公路工程项目的经济费用是指国民经济中为兴建和经营该项目所花费的全部费用，包括项目建设和建成后营运中所投入的全部物资消耗和人力消耗。它不仅包括建设项目以及与营运直接有关的费用，而且包括项目完成预计效益带来的一切费用。总投入的经济费用就是指国民经济为项目付出的全部代价，包括政府负担的代价，也包括企业、私人所付出的代价，它是以货币的形式来计量和表示的。

1.经济费用与财务成本

衡量和估计经济费用，就是运用科学的方法，对各个比较项目的经济费用进行鉴别和衡量，这项工作是通过对其财务成本作相应的合理调整来实现的。

经济费用与财务成本有许多一致的地方，但也有明显差异，它们之间的差异表现在以下三个方面。

(1)衡量观点不同

经济费用是站在国家立场上(至少是地区立场)看问题，衡量由于执行某一项目而带来多少国民经济收入减少及各类资源的分配流向，以便作出合理的宏观决策或者调整决策，故经济费用反映的是宏观经济。财务成本反映的是微观经济，它是站在项目执行者的立场上看问题，它可以是从具体企业(包括私人企业主)的角度来衡量、估算在执行项目过程中企业内部产生的所有货币代价,进而与企业的期望利润比较,以便作出微观决策。它不反映资源分配和流向。

(2)鉴别成本原则不同

鉴别财务成本是以货币的支付和现金流量的减少为基本原则。鉴别经济费用仅以国民收入减少为唯一鉴别原则,即只有因执行某公路项目而使国民经济消耗各种资源的,使国民经济增加成本的,才可列入经济费用。

我们常要对公路项目作经济费用估算,为此,需要弄清楚经济费用与财务成本间的构成关系(图4-2)。据此,对财务成本作必要的调整(通过转换系数)即可形成相应的经济费用。

转换公式为:

$$f = \frac{C_E}{C_F} \tag{4-15}$$

式中:f——转化系数;

C_E——经济费用;

C_F——财务成本。

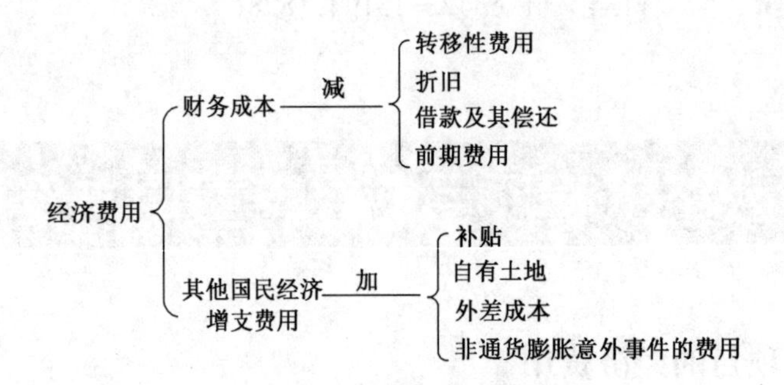

图4-2　经济费用与财务成本的关系图

【例4-2】 某公路项目购进40万元钢材,其价格中有15%工商税,购进70万元水泥,其价格中有10%国家补贴。计算钢材和水泥的经济费用。

解:利用式(4-15)进行计算。

$$f_{钢材} = \frac{1}{1+15\%} = 0.87$$

$$f_{水泥} = \frac{1}{1-10\%} = 1.1$$

$$C_{E(钢材)} = 40 \times 0.87 = 34.8(万元)$$

$$C_{F(水泥)} = 70 \times 1.1 = 77.7(万元)$$

(3)经济费用与财务成本对稀缺资源的计量方法不同

财务成本是以现行市场价格为尺度对项目投入资源计量的,而经济费用是以资源的机会成本为尺度来计量的。

经济费用与财务成本两者互为补充,由财务成本调整为经济费用可按下述步骤进行:

①对项目总投资按费用分类编制财务成本一览表,再按经济费用的鉴别原则对表中每一

细目辨认，包括或剔除财务成本中已剔除的或包括的某些成本项目，以形成逐年各类资源的经济费用构成表。

②对经济费用构成项目按性质、用途、分类排队，并对各稀缺资源确定机会成本，调整计算见表4-3。

经济费用调整计算 表4-3

序号	投入资源	财务成本(万元)	外汇成分(%)	经济费用(万元)
1	自有土地	0	0	2000
2	防波堤	3500	10	3762.5
3	5个停泊处	5000	20	5750
4	机械设备	8000	30	9800
5	流动船舶	9000	30	11025
6	疏浚及其他技术成本	5800	30	7105
7	工程费用及管理费	2500	50	3743.5
8	各类税收	2000	0	0
9	人工	5000	0	2500
合计		40800	—	45380

依据经济费用的鉴别原则，剔除第8类，列入被财务成本剔除的第1类，再通过影子价格，利用式(4-16)将涉及的外汇项目和工资项目的财务成本调整为经济费用，即：

$$经济费用 = 无外汇的财务成本 + 有外汇财务成本 \times 影子价格$$

例如，对表4-3中第2类防波堤的调整：

$$经济费用 = 3150 + 350 \times 1.75 = 3762.5(万元)$$

这里外汇影子价格为1.75；工资影子价格为0.5；其余当地原材料、设备等，因市场价格反映其生产成本，无须调整。

2. 公路工程项目经济费用测算

公路工程项目的经济费用分为直接费用和间接费用。前者可定量计算，后者则难以定量计算。为了与效益计算的口径一致，这里仅讨论直接费用的计算问题。直接费用是指用影子价格计算的项目投入物(固定资产投资和经常性投入)的经济价值。这部分费用一般在项目的财务评价中已经得到反映，通过调整可转化为经济费用。公路项目费用计算的具体范围表现在如下几方面：

(1)公路建设费。

(2)公路大修费。

(3)公路养护费。

(4)交通管理费。

(5)残值(以负值计入费用，一般取道路建设费用的50%)。

(6)外差费用。外差费用是指国民经济为消除或减少消极外差因素而付出的代价，如环保工程费用等。

公路工程项目建设费用的具体确定方法如下：

(1)人工费的计算。由于国际劳务市场是一种非完全竞争市场,劳务输出受到各种限制。因此,人工费的计算不能根据国际劳务市场价格来计算,而只能根据其机会成本来确定,即所谓的劳动力的影子工资。

(2)材料费的计算。

①各种类型的钢材包括Ⅰ级钢筋、Ⅱ级钢筋、预应力粗钢筋、钢绞线、高强钢丝、钢材、波形钢板及型钢立柱、加工钢材、钢板标志等,按其影子价格来计算。方法是:到岸价格乘以影子汇率,加上口岸到原用户的运费及贸易费,减去供应地到原用户的贸易费及运费,加上供应地到拟建项目的贸易费和运费(贸易费和运费都要用影子价格计算)。

②木材(包括原木和锯材)。按影子价格来计算,方法同上。

③水泥。若采用国内水泥应按非外贸货物处理。国内水泥市场接近于完全竞争市场,因此,可直接根据市场价格来定价,即影子价格等于市场价格;若采用进口水泥可按钢材的影子价格确定方法计算。

④沥青。当需要的沥青为进口沥青时,其费用按照影子价格计算,由于它属于直接进口产品,其影子价格计算的确定方法是口岸价乘以影子汇率加上国内的贸易费和运费;当需要的沥青为一般国产沥青时,其影子价格的确定方法与钢材的影子价格确定方法相同。

⑤其他材料费。可参照国内市场价格计算其费用。实际工作中,其投资估算原则上不变。

(3)机械使用费的计算。

对于可以租赁的机械,可根据租赁费来确定机会成本。其他机械可按下述方法确定：

①机械使用费中的燃料费应根据燃料的影子价格计算;

②轮胎的费用中应扣除税金,将财务价还原为经济价;

③机上人员工资按影子工资计算;

④大修理费、保修费中应扣除税金;

⑤折旧费用资金回收费代替;

⑥养路费中(水平运输机械有此项费用)公路大修、养护及道路建设等费用应剔除(它是一种资金的内部转移,不消耗资源的价值);

⑦应剔除车船使用税(它是一种资金的内部转移,不消耗资源价值);

⑧其他费用不变。

机械使用费的计算较为复杂,部分费用要调高(如燃料费、折旧费),部分费用要调低。实际工作中,对有些计算作了简化。

(4)建安费中的税金、利润等应予剔除,这些费用是一种资金的内部转移,并不消耗资源价值。

(5)征地费可根据土地的机会成本来确定,用土地的影子费用代替其他费用中的实际土地占用费。

(6)项目建设中所使用的电费按影子价格计算,剔除投资估算中的供电贴费(当电费未按影子价格计算而采用统一预算价格计算时,供电贴费不能轻易剔除)。

(7)建设期贷款利息、固定资产投资方向调节税是一种资金的内部转移,并不反映资源消耗,应予剔除。涉及外汇借款时,用影子汇率计算外汇借款本金与利息偿还额。

(8)工程造价增涨预留费中应剔除因通货膨胀而引起的增涨费,保留因供求关系变化而引起的增涨费。影子价格是依据国际市场价格来确定的,这种市场价格相对平稳。因此,实际工作中,工程造价增涨预留费基本上可以全部剔除。

(9)其他各项费用。一般可维持原来的投资估算不变。

以上是公路建设费的具体确定方法。公路建设的其他费用同样可以参考该方法来确定,有些资源的影子价格可直接查阅《建设项目经济评价方法与参数》(第3版)。

二、公路工程项目的经济效益

公路工程项目的国民经济效益是在支付意愿与消费者剩余的基础上按照有无分析法确定的,即通过对拟建项目建设后使用中(消费者)所发生的各种费用与拟建项目不实施情况下(消费者)所发生的各种费用进行比较来确定拟建项目的效益。

公路工程项目的经济效益系指全社会公路使用者所获得的效益以及公路的外部经济性给当地工农业生产及经济发展带来的效益,是经济活动的净成果。

公路项目的经济效益从不同角度看有直接经济效益和间接经济效益,有宏观经济效益和微观经济效益,也有可计算和不易计算的经济效益等。能定量计算的效益应定量计算,进而与公路工程项目的费用进行比较以确定项目的经济可行性,不能定量计算的效益应进行定性分析和综合评价。本书主要介绍可计算的宏观经济效益。

公路工程项目的经济效益中可以定量计算的效益包括以下几种:公路晋级效益,减少拥挤效益,节约旅客、货物在途时间效益,缩短里程效益,减少交通事故和减少货损事故的效益。下面介绍每一种效益的计算方法(在计算每一种效益时所用的价格同样应采用影子价格)。

1.公路晋级的效益

公路晋级的效益是指由于公路工程项目的实施,使得旅客货物的运输成本降低所产生的效益。新建公路项目运输成本降低额,按没有此公路时旅客、货物通过其他公路或其他运输方式的运输成本与有了此公路时的汽车运输成本之差额来计算。改建公路项目运输成本降低额,按公路未经改建时平均年度交通量状况下的旅客、货物运输成本与经过改建在同一交通量水平下所能达到的旅客货物运输成本之差额来计算,即

$$B_{hj} = (C_{hw} - C_{hy}) \times Q_{hk} \tag{4-16}$$

$$B_{kj} = (C_{kw} - C_{ky}) \times Q_{kk} \tag{4-17}$$

式中:B_{hj}——公路新建或改建导致货物运输成本降低的金额,万元;

C_{hw}——对于新建公路项目,指无此项目时货物通过其他公路或其他运输方式的单位运输成本,元/(kt·km);对于改建公路,指公路未经改建时,平均年度交通量状况下的货物单位运输成本,元/(kt·km);

C_{hy}——对于新建公路项目,指有此项目时货物通过此公路运输时的单位运输成本,元/(kt·km);对于改建公路项目,指货物通过改建后公路运输的单位成本,元/(kt·km);

Q_{hk}——新建公路或改建公路的货物周转量,千万 t·km;

B_{kj}——旅客运输成本降低的金额,万元;

C_{kw}——对于新建公路项目,指无此项目时旅客通过其他公路或其他运输方式旅行时的单位运输成本,元/千人 km;对于改建公路项目,指公路未经改建时,平均年度交通量状况下的旅客单位运输成本,元/千人 km;

C_{ky}——对于新建公路项目,指有此项目时,旅客通过此公路运输时的单位运输成本,元/千人 km;对于改建公路项目,指旅客通过改建后公路运输的单位成本,元/千人 km;

Q_{kk}——新建公路或改建公路的旅客周转量,千万人 km。

当缺乏旅客运输单位成本资料时,可采用换算吨千米,按货物运输成本的单位成本进行间接推算。

上面介绍的公路晋级效益的计算公式是一近似计算公式,实际上,由于公路上的交通量来源于三种类型,即原有公路上交通量(包括正常增长的交通量),从其他运输方式转移过来的交通量(或运输量),由于新建或改建公路而诱发的新的交通量,因此,晋级效益的计算也应分别进行。其中,对于诱发的交通量(或运输量)应按下式计算:

$$B_{hjy} = \frac{1}{2}(C_{hwm} - C_{hy}) \times Q_{hky} \tag{4-18}$$

$$B_{kjy} = \frac{1}{2}(C_{kwm} - C_{ky}) \times Q_{kky} \tag{4-19}$$

式中:B_{hjy}、B_{kjy}——诱发的交通量的货运、客运经济效益,万元;

C_{hm}、C_{km}——其他各种运输方式中最小的单位运输成本,万元;

Q_{hky}、Q_{kky}——诱发的客、货运周转量,千万人 km、千万 t·km。

2. 减少拥挤所产生的效益

无此项目时,原有的相关公路的交通量不断增加,平均行车速度相应降低,单位运输成本亦不断提高。有此项目后,使原有的相关公路部分交通量向拟建公路上转移,拥挤减少,运输成本下降,此项运输成本的降低即为效益。其公式为:

$$B_{hy} = (C_{hw} - C_{hyy}) \times Q_{hk} \tag{4-20}$$

$$B_{ky} = (C_{kw} - C_{kyy}) \times Q_{kk} \tag{4-21}$$

式中:B_{hy}、B_{ky}——由于公路新建使原有公路减少拥挤的货、客运输效益,万元;

C_{hw}、C_{kw}——无此项目时,原有相关公路的货、客单位运输成本,元/kt·km、元/千人 km;

C_{hyy}、C_{kyy}——有此项目时,原有相关公路减少拥挤的货、客运输的单位成本,元/kt·km、元/千人 km;

Q_{hk}、Q_{kk}——有此项目后,原有相关公路剩余的货物、旅客周转量,千万吨 km、千万人 km。

当缺乏旅客运输成本资料时,暂时可采用换算 t·km,按货物运输成本进行间接计算。

3. 缩短里程而产生的效益

公路因改建而缩短里程，节约了旅客货物运输费用，其节约金额以改建时交通量状况下的货物运输成本来计算，即

$$B_{hd} = C_{ho} \times Q_{hdk} \tag{4-22}$$

$$B_{kd} = C_{ko} \times Q_{kdk} \tag{4-23}$$

式中：B_{hd}、B_{kd}——公路改建缩短里程而降低的货、客运输成本，万元；

C_{ho}、C_{ko}——公路改建时交通量状况下的货、客运输成本，元/(kt·km)、元/千人 km；

Q_{hdk}、Q_{kdk}——公路缩短里程上的货、客周转量，千万 t·km、千万人 km。

此公式也适用于研究新建项目。

对于诱发的交通量的缩短里程的效益，应在公式中乘以 0.5 的系数(其理由同前面介绍的晋级效益的分析和计算)。

缩短里程上的周转量可按下式计算：

周转量 = 新路交通量 × 被缩短的里程 × 平均吨位 × 实载率 × 365 天

4. 货物节约在途时间的效益

货物节约在途时间的效益，以货物运送速度提高、在途时间缩短，引起资金周转期缩短而获得效益来考虑，并按在途物资在其间占用资金的利息(国民经济评价时采用社会贴现率)的减少来计算。计算公式为：

$$B_{hs} = P_r \times Q_{hk} \times i \times T/(16 \times 365)L \tag{4-24}$$

式中：B_{hs}——货物节约在途时间的效益，万元；

P_r——在途货物平均价格，元/t；

Q_{hk}——新建或改建公路货物周转量，万 t·km；

i——社会贴现率，%；

T——全程节约小时数，h；

L——公路线路全长，km。

对于诱发的货运周转量，公式中同样应乘以 0.5 的系数。

在计算货物时间节约效益时，由于当前公路汽车运输企业大都达不到昼夜连续运送货物的水平，故将节约 16h 在途时间按相当于减少了 1 天的货物流动资金周转时间考虑。

5. 旅客节约在途时间的效益

旅客节约在途时间的效益，以旅客旅行时间缩短，可多创造的国民收入来考虑，其金额以每人平均创造国民收入(净产值)的份额来计算，即

$$B_{ks} = I_c \times Q_{kk} \times T/(8 \times 240)L \tag{4-25}$$

式中：B_{ks}——旅客节约在途时间的价值，万元；

I_c——计算年度每一旅客的国民收入的份额，元/人；

Q_{kk}——新建或改建公路上的旅客周转量，万人 km；

T——全程节约小时数，h；

L——公路线路全长,km。

如考虑节约的时间只有一半用于生产目的,则公式中还应乘以0.5的系数。对于诱发的客运交通量,则应在上述计算的基础上,还应乘以0.5的系数(理由同前)。

每个旅客所能创造的国民收入,可根据当地的统计资料测算。计算方法为:

$$\text{平均每个旅客所创造的国民收入} = \frac{\text{国民收入总额(万元)}}{\text{总人口数(万人)}}$$

需要说明以下几点:

第一,计算旅客节约在途时间的价值必须要符合计算范围对应一致的原则。若时间价值指标以全社会人口数求得,则计算效益时应以旅客总数为乘数;如果旅客按年龄、职业、出行目的分组进行计算,则时间价值指标也要分组测算。

第二,按照《建设项目经济评价方法与参数》(第3版)的规定,计算期内各年使用同一价格,国民收入应以评价年度的第一年(项目开工的当年)的价格为基准计算。

第三,在计算旅客国民收入时,按每天8h工作制并扣除法定节假日(按每年工作240天计)来计算旅客每小时的国民收入。

6.公路减少交通事故而节约的费用的效益

拟建项目实施后导致交通事故减少,其节约的费用以事故率及事故平均损失费用计算:

$$B_{jsh} = P_{jsh} \times (J_w - J_y) M_k \tag{4-26}$$

式中:B_{jsh}——减少交通事故节约的费用的效益,万元;

P_{jsh}——公路交通事故平均损失费,万元/次;

J_w——无此项目事故率,次/万车km;

J_y——有此项目事故率,次/万车km;

M_k——车辆行驶量,万车km。

7.减少货损事故节约的费用的效益

减少公路货损事故所节约的费用的效益,按货损率差及评价年度在途货物平均价格计算,即

$$B_{ssh} = (S_w - S_y) \times Q_{hk} \times P_r / L \tag{4-27}$$

式中:B_{ssh}——货损事故减少节约的费用的效益,万元;

S_w——无此项目时的货损率,%;

S_y——有此项目时的货损率,%;

Q_{hk}——货物周转量,万t·km;

P_r——在途货物平均价格,元/t;

L——平均运距,km。

对于诱增交通量,同样应在公式中乘以0.5的系数。

8.全社会公路使用者的效益

全社会公路使用者的效益即为上述7项效益之和,公式为:

$$B = B_{hj} + B_{kj} + B_{hy} + B_{ky} + B_{hd} + B_{kd} + B_{hs} + B_{ks} + B_{jsh} + B_{ssh} \quad (4\text{-}28)$$

式中符号意义同前。

9. 效益计算中应注意的问题

(1) 在分项效益计算举例中，都是利用货、客换算周转量和货、客综合运输成本进行计算的。如果将货、客车分开计算，其运输成本也应分别测算，货、客车节约在途时间价值也要分开计算效益。

(2) 在效益计算中，在项目开工后的交通量预测年限与评价计算期应相一致。这期间在未来年交通量达到公路通行能力后，交通量和效益拟不再变化。例如，2015 年建成一条新路，交通量预测和效益计算应到 2035 年，假设预测的交通量到 2025 年已达到最大通行能力，则 2026—2035 年的交通量与效益等同于 2025 年，不再变化。

本章小结

通过本章学习，学生应重点理解和掌握下列基本知识：

(1) 描述国民经济评价与财务评价的概念、区别。

国民经济评价是站在整个国家的立场来看问题，研究的是公路工程经济费用与经济效益的分析方法，分析方案的经济可行性；财务评价从企业内部角度来分析项目的财务成本和财务效益，分析方案的财务可行性。一般来说，收费公路要进行财务评价。二者的区别体现在以下几方面：

①评价的立场和角度不同；

②投入的计算内容和方法不同；

③产出的计算内容和方法不同；

④采用的价格不同；

⑤主要参数不同；

(2) 说明国民经济评价与财务评价的评价指标及评价标准。

(3) 说明国民经济评价理论。

(4) 分析公路工程建设项目经济费用与经济效益的确定方法。

国民经济评价采用的价值尺度是影子价格，所以要掌握公路项目各种投入要素的影子价格的确定方法。衡量和估计经济费用，是通过对财务成本作相应的合理调整来实现的，调整中用到转移支付的概念，所以应熟悉哪些费用属于转移支付范围。公路工程项目的经济效益一般通过“有-无”分析法来鉴别，所以还应掌握“有-无”分析法及其与“前-后”对比法的区别。

1. 什么是国民经济评价和财务评价？它们有什么区别？
2. 国民经济评价与财务评价的评价指标与评价标准是什么？
3. 什么叫机会成本？
4. 什么叫影子价格？影子价格是如何确定的？
5. 什么叫资金的影子价格？

6. 土地的影子费用如何确定?

7. “有-无”分析法与“前-后”对比法有什么区别?各适用于什么情况?

8. 转移支付的概念是什么?公路工程项目国民经济评价中,哪些内容属于转移支付?

9. 经济费用与财务成本有什么不同?

10. 公路工程项目的经济费用由哪几部分组成?如何进行经济费用调整?

11. 什么是公路工程项目的经济效益?哪些效益可定量计算?

第五章
CHAPTER FIVE

敏感性分析与风险分析

1. 了解项目决策分析的不确定性。
2. 掌握敏感性分析的概念和方法。
3. 熟悉敏感性分析在公路工程中的应用。
4. 熟悉风险型方案的评价方法。

第一节 项目决策分析的不确定性

一、不确定性分析的概念

前面章节的项目评价都是以一些数据为基础的,如项目总投资、建设期、年销售收入(年收益)、年经营成本、年利率、设备(项目)残值等,一般认为它们都是已知的、确定的,但实际上,这些数据都是预测的,与其实际值之间往往存在着差异,这样就对项目评价的结果产生了影响。为了分析不确定因素对经济评价指标的影响,提高项目的风险防范能力,进而提高项目投资决策的科学性和可靠性,应根据拟建项目的具体情况,分析各种外部条件发生变化或者测算数据误差对方案经济效果的影响程度,以估计项目可能承担不确定性的风险及其承受能力,确定项目在经济上的可靠性,即进行项目投资决策的不确定性分析。不确定性分析是项目经济评价中的一项重要内容。

二、不确定性产生的原因

产生不确定性的原因主要有:

(1)原始数据的可靠性不够,如在预测交通量的增长率时,所观测的交通量的资料不准。

(2)原始数据太少,不具有代表性。

(3)原始数据的处理方法不当。

(4)所选择的预测模型和预测方案有问题。

(5)国家宏观政策的重大变化。

(6)存在不能计量的因素和未知因素,如通货膨胀等。

(7)各种不可抗力因素,如政治事件、自然灾害的影响。

(8)市场情况的变化、建设资金的短缺等。

当然,还有其他一些影响因素。在项目经济评价中,如果想全面分析这些因素的变化对项目经济效果的影响是十分困难的,因此,在实际工作中,往往需要着重分析和把握那些对项目影响大的关键因素,以期取得较好的效果。

三、不确定性分析的方法

公路工程项目不确定性分析的方法主要有盈亏平衡分析、敏感性分析和风险分析。在具体应用时,应综合考虑项目的类型、特点,决策者的要求,相应的人力、财力,以及项目对国民经济的影响程度等来选择。一般来讲,盈亏平衡分析只适用于项目的财务评价,而敏感性分析和风险分析则可同时用于财务评价和国民经济评价。盈亏平衡分析在本书第二章已进行了讨论,本章主要介绍敏感性分析和风险分析。

第二节 敏感性分析及其应用

一、敏感性分析的概念

一个项目在其建设与生产经营的过程中,由于项目内外部环境的变化,许多因素都会发生变化。投资项目评价中的敏感性分析是在确定性分析的基础上,通过进一步分析、预测项目主要不确定因素的变化对项目评价指标(如内部收益率、净现值等)的影响,从中找出敏感因素,确定评价指标对该因素的敏感程度和项目对其变化的承受能力。

敏感性分析不仅可以使决策者了解不确定因素对评价指标的影响,从而提高决策的准确性,还可以启发评价者对那些较为敏感的因素重新进行分析研究,以提高预测的可靠性。

敏感性分析有单因素敏感性分析和多因素敏感性分析两种。

单因素敏感性分析是对单一不确定因素变化的影响进行分析,即假设各不确定性因素之间相互独立,每次只考查一个因素,其他因素保持不变,以分析这个可变因素对经济评价指标的影响程度和敏感程度。

多因素敏感性分析是对两个或两个以上互相独立的不确定因素同时变化时,分析这些变化的因素对经济评价指标的影响程度和敏感程度。

单因素敏感性分析是敏感性分析的基本方法,本节内容重点介绍单因素敏感性分析。

二、单因素敏感性分析的步骤

单因素敏感性分析一般按以下步骤进行。

1. 确定分析指标

分析指标一般是根据项目的特点、不同的研究阶段、实际需求情况和指标的重要程度确定,与进行分析的目标和任务有关。

如果主要分析方案状态和参数变化对方案投资回收快慢的影响,则可选用投资回收期作为分析指标;如果主要分析产品价格波动对方案超额净收益的影响,则可选用净现值作为分析指标;如果主要分析投资大小对方案资金回收能力的影响,则可选用内部收益率指标;等等。

如果在机会研究阶段,主要是对项目的设想和鉴别,确定投资方向和投资机会,此时各种经济数据不完整、可信程度低、深度要求不高,可选用静态的评价指标,常采用的指标是投资收益率和投资回收期。如果在初步可行性研究和工程可行性研究阶段已进入可行性研究的实质性阶段,对于经济分析指标则需选用动态的评价指标,常用净现值、内部收益率,通常还辅之以投资回收期。

由于敏感性分析是在确定性经济分析的基础上进行的,一般而言,敏感性分析的指标应与确定性经济评价指标一致,不应超出确定性经济评价指标范围而另立新的分析指标。当确定性经济评价指标较多时,敏感性分析可以围绕其中一个或若干个最重要的指标进行。

2. 选择需要分析的不确定性因素

影响项目经济评价指标的不确定性因素很多,严格说来,影响方案经济效果的因素都在某种程度上带有不确定性,但事实上没有必要对所有的不确定因素都进行敏感性分析,而是选择一些主要的影响因素。

选择需要分析的不确定性因素时主要考虑以下两条原则:第一,预计这些因素在其可能变动的范围内对经济评价指标的影响较大;第二,对在确定性经济分析中采用的该因素的数据的准确性把握不大。

一般将产品价格、产品成本、产品产量(生产负荷)、主要原材料价格、建设投资、工期、汇率等作为考查的不确定因素。而公路工程项目的不确定性因素一般为初始投资、年收益、年成本、项目寿命期、期末残值、贷款利率等。实际应用中应针对具体情况作出具体分析。例如,在项目财务评价中,贷款利率可能是敏感因素,但在国民经济评价中采用的却是社会折现率,这一数据相对稳定;公路建设项目经济评价计算年限(寿命期)为建设年限加投入使用后的预测年限,投入使用后的预测年限原则上按 20 年计算。对于高等级公路,寿命期较长,一般不作为不确定性因素;对于低等级公路,寿命期较短,有可能因交通量的变化而使寿命期发生变化,故可将寿命期作为不确定因素。

3. 分析每个不确定性因素的波动程度及其对分析指标可能带来的增减变化情况

首先,对所选定的不确定性因素,应根据实际情况设定这些因素的变动幅度,其他因素固定不变。因素的变化可以按照一定的变化幅度(如 ±5%、±10%、±20% 等)改变其数值。

其次,计算不确定性因素每次变动对经济评价指标的影响。

对每一因素的每一变动,均重复以上计算,然后将因素变动及相应指标变动结果用表或图的形式表示出来,以便于测定敏感因素。

由图 5-1 可知,图中每一条斜线的斜率都反映了经济评价指标对该不确定因素的敏感程度,斜率越大,敏感度越高。一张图可以同时反映多个因素的敏感性分析结果。每条斜线与横轴的交点所对应的不确定因素变化率即为该因素的临界点。这个临界点表明方案经济效果评价指标达到最低要求所允许的最大变化幅度。如果不确定性因素变化超过了该临界点,则方案由可行变成不可行。将临界点与未来实际可能发生的变化幅度相比较,就可大致分析该项目的风险情况。

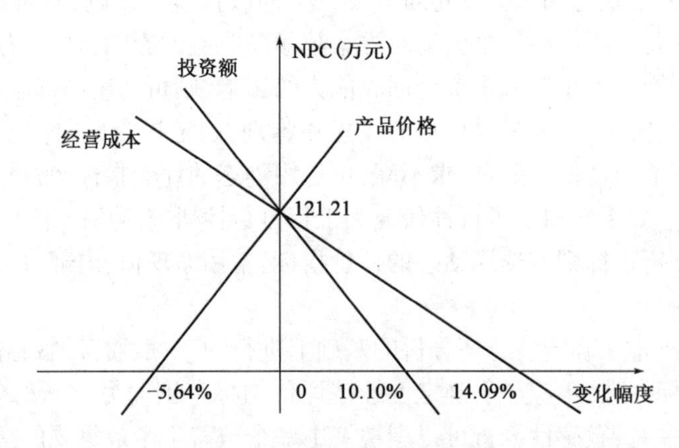

图 5-1　单因素敏感性分析图

4. 确定敏感性因素

由于各因素的变化都会引起经济指标一定的变化,但其影响程度却各不相同。有些因素可能仅发生较小幅度的变化就能引起经济评价指标发生大的变动,而另一些因素即使发生了较大幅度的变化,对经济评价指标的影响也不是太大。我们将前一类因素称为敏感性因素,后一类因素称为非敏感性因素。单敏感性分析的目的在于寻求敏感因素,根据分析问题的目的不同,一般可通过两种方法来确定敏感性因素。

(1)相对测定法

相对测定法即设定要分析的因素均从确定性经济分析中所采用的数值开始变动,且各因素每次变动的幅度(增或减的百分数)相同,比较在同一变动幅度下各因素的变动对经济评价指标的影响,据此判断方案经济评价指标对各因素变动的敏感程度。反映敏感程度的指标是敏感系数(又称灵敏度),是衡量变量因素敏感程度的一个指标。其数学表达式为:

$$\text{敏感系数}\,\beta = \frac{\text{评价指标值变动百分比}\ \Delta Y_j}{\text{不确定因素变动百分比}\ \Delta F_i} \tag{5-1}$$

$$\Delta Y_j = \frac{Y_{jl} - Y_{jo}}{Y_{jo}} \tag{5-2}$$

式中:ΔF_i——第 i 个不确定性因素的变化幅度(变化率);

ΔY_j——第 j 个指标受变量因素变化影响的差额幅度(变化率);

Y_{jl}——第 j 个指标受变量因素变化影响后所达到的指标值;

Y_{jo}——第 j 个指标未受变量因素变化影响时的指标值。

根据不同因素相对变化对经济评价指标影响的大小,可以得到各个因素的敏感性程度排序,据此可以找出哪些因素是最关键的因素。

(2)绝对测定法

绝对测定法即假定要分析的因素均向只对经济评价指标产生不利影响的方向变动,并设该因素达到可能的最差值,然后计算在此条件下的经济评价指标。如果计算出的经济评价指标已超过了项目可行的临界值,从而改变了项目的可行性,则表明该因素是敏感性因素。

在实践中,可以把确定敏感性因素的两种方法结合起来使用。方案能否接受的标准是各经济评价指标是否达到临界值。例如,使用净现值指标要看净现值是否大于或等于零,使用内部收益率指标要看内部收益率是否达到基准收益率。绝对测定法的一个变通方式是先设定有关经济评价指标为其临界值,如令净现值等于零或令内部收益率等于基准折现率,然后分析因素的最大允许变动幅度,并与其可能出现的最大变动幅度相比较。如果某因素可能出现的变动幅度超过最大允许变动幅度,则表明该因素是方案的敏感因素。

三、单因素敏感性分析

【例 5-1】 某投资方案设计年生产能力为 10 万台,计划总投资为 1200 万元,期初一次性投入,预计产品价格为 35 元/台,年经营成本为 140 万元,方案寿命期为 10 年,到期时预计设备残值收入为 80 万元,基准折现率为 10%,试就投资额、单位产品价格、经营成本等影响因素对该投资方案进行敏感性分析。

解:选择净现值为敏感性分析的对象,根据净现值的计算公式,可计算出项目在初始条件下的净现值。

$$NPV_0 = -1200 + (35 \times 10 - 140)\frac{(1+10\%)^{10}-1}{(1+10\%)^{10} \times 10\%} + \frac{80}{(1+10\%)^{10}} = 121.21(\text{万元})$$

由于 $NPV_0 > 0$,该项目是可行的。

下面对项目进行敏感性分析:

取投资额、产品价格和经营成本三个因素,然后令其逐一在初始值的基础上按 ±10%、±20% 的幅度变化。分别计算相对应的净现值的变化情况,得出结果见表 5-1,如图 5-1 所示。

单因素敏感性分析表(单位:万元) 表 5-1

变化幅度	-20%	-10%	0	10%	20%	平均 +1%	平均 -1%
投资额	361.21	241.21	121.21	1.21	-118.79	-9.90%	9.90%
产品价格	-308.91	-93.85	121.21	336.28	551.34	17.75%	-17.75%
经营成本	293.26	207.24	121.21	35.19	-50.83	-7.10%	7.10%

由表 5-1 和图 5-1 可以看出,在各个变量因素变化率相同的情况下,产品价格的变动对净现值的影响程度最大。当其他因素均不发生变化时,产品价格每下降 1%,净现值下降 17.75%,并且还可以看出,当产品价格下降幅度超过 5.64% 时,净现值将由正变负,也即项目由可行变为不可行。对净现值影响较大的因素是投资额,当其他因素均不发生变化时,投资额每增加 1%,净现值将下降 9.90%;当投资额增加的幅度超过 10.10% 时,净现值由正变负,项目变为不可行。对净现值影响最小的因素是经营成本,在其他因素均不发生变化的情况下,经营成本每上升 1%,净现值下降 7.10%,当经营成本上升幅度超过 14.09% 时,净现值由正变负,项目变为不可行。由此可见,按净现值对各个因素的敏感程度来排序,依次是产品价格、投资额、经营成本,最敏感的因素是产品价格。

因此,从方案决策的角度来讲,应该对产品价格进行进一步更准确的测算,因为从项目风险的角度来讲,如果未来产品价格发生变化的可能性较大,则意味着这一投资项目的风险性亦较大。

四、多因素敏感性分析

单因素敏感性分析对于项目分析中不确定因素的处理采用一种简便易行、有效实用的方法,它以假定其他因素不变为前提,而这种假定条件在实际经济活动中是很难实现的。因为各种因素的变动都存在着相关性,一个因素的变动往往引起其他因素也随之变动。比如固定资产投资的变化可能导致设备残值的变化,产品价格的变化可能引起需求量的变化,从而引起市场销售量的变化等。所以,在分析经济效益受多种因素同时变化的影响时,用多因素敏感性分析可以更接近实际过程。

多因素敏感性分析要考虑可能发生的各种因素不同变动情况下的多种组合,因此,计算起来要比单因素敏感性分析复杂得多,一般可采用解析法和作图法相结合的方法进行。当同时变化的因素不超过 3 个时,一般可采用作图法;当同时变化的因素超过 3 个时,则只能采用解析法。

双因素敏感性分析是指保持投资方案现金流量中其他因素不变,考查两个因素同时变化对方案投资效果的影响。双因素敏感性分析一般是在单因素敏感性分析的基础上进行的,即首先通过单因素敏感性分析确定出两个关键因素,然后用作图法来分析两个因素同时变化时对投资效果的影响。

【例 5-2】 根据【例 5-1】的数据,对该投资方案进行双因素敏感性分析。

解: 根据【例 5-1】的计算结果,产品价格和投资额是影响方案投资效果的两个敏感因素。下面就这两个因素进行敏感性分析。

设 x 表示投资额变化的百分率,y 表示产品价格变化的百分率,则净现值可表示为:

$$NPV = (-1200) \times (1+x) + [35 \times (1+y) \times 10 - 140] \frac{(1+10\%)^{10}-1}{(1+10\%)^{10} \times 10\%} + \frac{80}{(1+10\%)^{10}}$$

$$= 121.21 - 1200x + 2150.6y$$

如果 NPV≥0,则有 $y \geqslant 0.56x - 0.06y$。

将上述不等式绘成图形,可得到双因素敏感性分析图,如图 5-2 所示。

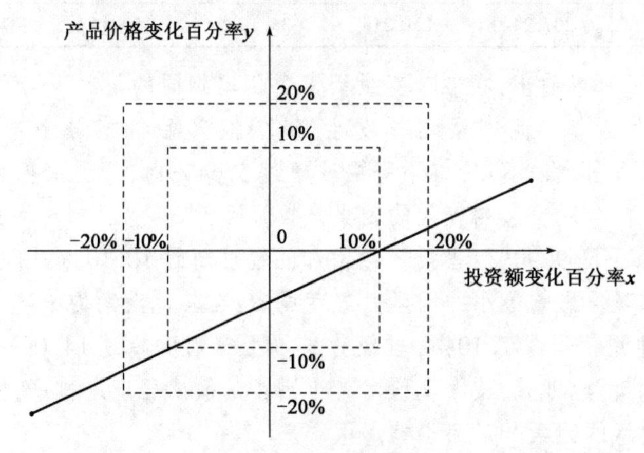

图 5-2 双因素敏感性分析图

从图5-2中可以看出，$y=0.56x-0.06$ 为 NPV=0 的临界线，临界线的左上方区域表示 NPV>0，临界线右下方的区域表示 NPV<0。在各个正方形内净现值小于零的面积占整个正方形面积的比例反映了因素在此范围内变动时方案风险的大小。比如在±10%的区域内，净现值小于零的面积大约占整个正方形面积的20%，这就表明当投资额和产品价格在±10%的范围内同时变化时，方案盈利的可能性在80%左右，出现亏损的可能性为20%左右。

综上所述，敏感性分析是项目经济评价时经常用到的一种方法，它在一定程度上定量描述了不确定因素的变动对项目投资效果的影响，有助于鉴别敏感因素，从而能够及早排除那些无足轻重的变动因素，把进一步深入调查研究的重点集中在那些敏感因素上，或者针对敏感因素制订出管理和应变对策，以达到尽量减少风险、增加决策可靠性的目的。但敏感性分析也有局限性：它不能说明不确定因素发生变动的可能性的大小，也就是没有考虑不确定因素在未来发生变动的概率，而这种概率是与项目的风险大小密切相关的。我们经常会碰到这样的情况，某些因素虽然可能是敏感因素，但在未来发生不利变动的可能性很小，实际上给项目带来的风险并不大；而另外有一些因素，虽然它们不是敏感因素，但由于它们在未来发生不利变化的可能性很大，因而实际上给项目带来的风险可能比敏感因素还要大。对于此类问题，敏感性分析是无法解决的，这要借助风险分析来解决。

五、敏感性分析在公路工程中的应用示例

示例一：某项目投资方案初始投资400万元，每年效益为91.667万元，每年养护成本为5万元，寿命期为10年，不计残值，基准折现率为10%。试对该方案进行敏感性分析。

解：首先考虑单因素敏感性分析情况，用 K 表示初始投资，B 表示年效益，C 表示年成本，则方案的净现值为：

$$\text{NPV}=-K+(B-C)\frac{1-(1+i)^{-n}}{i}=-400+(91.667-5)\times\frac{1-1.1^{-10}}{0.1}$$

$$=132.53(\text{万元})$$

同样可算得方案的内部收益率为 IRR=17.3%，所以该方案是可行的。

本例中，年成本较小，其变化产生的影响也小，不单独作为变化因素考虑。初定初始投资 K、年净效益 $B-C$、折现率 i 及寿命期 n 为不确定因素，以 NPV 为评价指标进行单因素敏感性分析。

当仅有初始投资 K 变化为 x 时：

$$\text{NPV}=-400(1+x)+(91.667-5)\times\frac{1-1.1^{-10}}{0.1}$$

当仅有净效益 $B-C$ 变化为 x 时：

$$\text{NPV}=-400+86.667(1+x)\frac{1-1.1^{-10}}{0.1}$$

当仅有基准折现率 i 发生变化为 x 时：

$$\text{NPV}=-400+86.667\times\frac{1-[1+0.1(1+x)]^{-10}}{0.1(1+x)}$$

当仅有寿命期 n 发生变化为 x 时：

$$NPV = -400 + 86.667 \times \frac{1 - 1.1^{-10(1+x)}}{0.1}$$

当 x 以 20% 的幅度分别变化至 ±80% 时,根据上述各式求得的净现值见表 5-2。由表中数字可见,净效益和初始投资是本项目的敏感因素。寿命期也可作为一个敏感因素,但其作用不如前两个明显。各因素的可接受变化范围较大,因此该项目具有较强的抗风险能力。

不确定因素对 NPV 的影响(万元) 表 5-2

变化因素	变化幅度								
	-80%	-60%	-40%	-20%	0	20%	40%	60%	80%
投资	452.53	372.53	292.53	212.53	132.53	52.53	-27.47	-107.47	-187.47
净效益	-293.49	-186.99	-80.48	26.03	132.53	239.04	345.54	452.05	558.56
折现率	378.49	302.95	237.88	181.54	132.53	89.69	52.07	18.88	-10.51
寿命	-249.59	-125.28	-22.54	62.36	132.53	190.52	238.45	278.06	310.79

其次,再考虑多因素敏感性分析情况。多因素的同时变化,对经济评价指标的影响是综合性的,计算起来要复杂得多,为简化分析,常采用最不利-最有利组合法进行。

一个不确定因素取最不利或最有利的变化值时,对经济评价指标的影响最显著,也是最有意义的。将一个或多个连续变化的不确定因素作离散处理,分别取每个因素的最不利变化值、中间值及最有利变化值进行组合,并计算各种因素组合下对方案经济评价指标的影响程度,这种方法就称为最不利-最有利组合法。在本例中,若初始投资、年净效益及寿命期的最大变动幅度估计为 ±20%,那么可算得三个不确定因素的最不利变化值、中间值及最有利变化值,见表 5-3。此时因素组合及相应的净现值见表 5-4,共有 27 种组合。最不利组合时的净现值为 -110.11 万元,最有利组合时的净现值为 388.63 万元。

因素变化值 表 5-3

因素变化情况	投资(万元)	年净效益(万元)	寿命(年)
最不利	480	69.334	8
中间值	400	86.667	10
最有利	320	104.000	12

净现值的敏感性分析(单位:万元) 表 5-4

投资	年净效益								
	最不利			中间值			最有利		
	寿命期								
	最不利	中间值	最有利	最不利	中间值	最有利	最不利	中间值	最有利
最不利	-110.11	-53.98	-7.58	-17.64	52.53	110.52	74.83	159.04	228.63
中间值	-30.11	26.02	72.42	62.36	132.53	190.52	154.83	239.04	308.63
最有利	49.89	106.02	152.42	142.36	212.53	270.52	234.83	319.04	388.63

如果能给出各因素发生各种变化情况时的概率,并计算出各种因素组合发生的概率,便可对方案的风险情况作出精确描述。若在此暂认为每一因素出现各种变化值的可能性都是相等的,即均为 1/3,则每一个因素组合出现的可能性均为 1/27(假定各个因素的发生与否与其他

因素无关),因此,方案净现值小于零的可能性等于净现值小于零的因素组合的可能性之和。

由表5-4,计算出投资方案净现值小于零的可能性为5×1/27,即18.52%,则方案净现值大于零的可能性为81.48%,方案最有可能出现的净现值为128.47万元。因此,该方案的风险较小,是值得投资的。

示例二:某高速公路项目根据调整后的费用及效益进行国民经济评价,基准折现率为12%,评价过程见国民经济效益费用流量表(表5-5)。由于经济评价所用参数有的来自投资估算,有的来自预测,因此,很难做到所有参数都较准确,不排除这些参数变动的可能性。公路建设项目可能发生的变化因素主要有公路造价、交通量、运营成本等,这些因素的变化会使项目的经济效益和成本提高或降低,故对效益及成本的变化引起的经济评价指标的变化作敏感性分析。

本项目按费用、效益各变动10%、20%的各种不同情况进行敏感性分析。当费用上升20%、效益不变时,敏感性分析见表5-6;同样可得其他情况下的分析结果。项目国民经济敏感性分析结果见表5-7。根据敏感性分析,即使在费用上升20%、效益下降20%的最不利情况下,各项指标仍然较好,内部收益率仍达12.22%,高于12%的基准值。根据国民经济评价结果,项目在经济上是可行的。

项目国民经济效益费用流量表(全部投资)(单位:万元) 表5-5

项目		1	1.1	1.2	1.3	2	3	4	5
		费用流量	建设费用	运营费用	残值	效益流量	净效益流量	净效益流量现值	累计净效益流量现值
建设期	2000	19183	19183				-19183	-19183	-19183
	2001	129487	129487				-129487	-115614	-134797
	2002	124691	124691				-124691	-99403	-234200
	2003	131593	131593				-131593	-93666	-327866
运营期	2004	4007		4007		63704	59697	37938	-289927
	2005	3807		3807		69389	65582	37213	-252714
	2006	3807		3807		75483	71676	36313	-216401
	2007	3807		3807		82012	78205	35376	-181025
	2008	3807		3807		89003	85196	34409	-146616
	2009	3807		3807		96488	92680	33421	-113194
	2010	3807		3807		104497	100689	32419	-80775
	2011	3807		3807		108363	104556	30057	-50718
	2012	3807		3807		112292	108484	27845	-22873
	2013	17178		17178		70293	53115	12173	-10700
	2014	3807		3807		122211	118404	24228	13528
	2015	3807		3807		127457	123649	22590	36118
	2016	3807		3807		132898	129091	21057	57175
	2017	3807		3807		138542	134735	19623	76799

续上表

项目		1 费用流量	1.1 建设费用	1.2 运营费用	1.3 残值	2 效益流量	3 净效益流量	4 净效益流量现值	5 累计净效益流量现值
运营期	2018	3807		3807		144395	140588	18282	95081
	2019	3807		3807		150465	146658	17028	112109
	2020	3807		3807		156759	152951	15856	127965
	2021	17178		17178		96777	79599	7368	135332
	2022	3807		3807		165841	162033	13391	148723
	2023	3807		3807	-202478	169539	368209	27169	175892

经济净现值 ENPV = 175892(万元)

经济效益费用比 EBCR = 1.61

经济内部收益率 EIRR = 17.33%

经济投资回收期 N = 14.4(年)(含建设期)

项目国民经济敏感性分析表(费用上升20%,效益不变)(单元:万元) 表5-6

项目		1 费用流量	1.1 建设费用	1.2 运营费用	1.3 残值	2 效益流量	3 净效益流量	4 净效益流量现值	5 累计净效益流量现值
建设期	2000	23020	23020				-23020	-23020	-23020
	2001	155384	155384				-155384	-138737	-161756
	2002	149629	149629				-149629	-119283	-281039
	2003	157912	157912				-157912	-112398	-393437
运营期	2004	4808		4808		63704	58896	37430	-356008
	2005	4568		4568		69389	64821	36781	-319227
	2006	4568		4568		75483	70915	35927	-283229
	2007	4568		4568		82012	77444	35032	-248268
	2008	4568		4568		89003	84435	34059	-214208
	2009	4568		4568		96488	91920	33147	-181061
	2010	4568		4568		104497	99929	32147	-148887
	2011	4568		4568		108363	103795	29839	-119048
	2012	4568		4568		112292	107724	27650	-91398
	2013	20614		20614		70293	49679	11385	-80013
	2014	4568		4568		122211	117643	24072	-55941
	2015	4568		4568		127457	122889	22452	-33489
	2016	4568		4568		132898	128330	20933	-12556
	2017	4568		4568		138542	133974	15493	2937

续上表

项目		1 费用流量	1.1 建设费用	1.2 运营费用	1.3 残值	2 效益流量	3 净效益流量	4 净效益流量现值	5 累计净效益流量现值
运营期	2018	4568		4568		144395	139827	18183	21120
	2019	4568		4568		150465	145879	16940	38060
	2020	4568		4568		156759	152191	15778	53838
	2021	20614		20614		96777	76163	7050	60887
	2022	4568		4568		165841	161273	13328	74215
	2023	4568		4568	-242973	169539	407944	30102	104317

经济净现值 ENPV = 104317(万元)
经济效益费用比 EBCR = 1.35
经济内部收益率 EIRR = 14.94%
经济投资回收期 N = 17.8(年)(含建设期)

项目国民经济敏感性分析结果(全部投资) 表 5-7

效益变动		费用变动 -20%	-10%	0%	10%	20%
-20%	ENPV(万元)	138768	105981	73195	40408	7622
	EBCR	1.60	1.43	1.29	1.18	1.08
	EIRR(%)	17.22	15.67	14.35	13.21	12.22
	N(年)	14.6	16.5	18.6	21.1	23.7
-10%	ENPV(万元)	190117	157330	124544	91757	58971
	EBCR	1.80	1.61	1.45	1.32	1.22
	EIRR(%)	18.93	17.28	15.88	14.67	13.62
	N(年)	12.6	14.5	16.1	17.9	20.0
0%	ENPV(万元)	241466	208679	175892	143106	110319
	EBCR	2.00	1.79	1.61	1.47	1.35
	EIRR(%)	20.56	18.81	17.33	16.06	14.94
	N(年)	11.5	12.6	14.4	15.9	17.4
10%	ENPV(万元)	292814	260028	227241	194455	161668
	EBCR	2.20	1.96	1.77	1.62	1.49
	EIRR(%)	22.11	20.27	18.71	17.37	16.20
	N(年)	10.7	11.7	12.7	14.4	15.6
20%	ENPV(万元)	344163	311377	278590	245804	213017
	EBCR	2.40	2.14	1.94	1.76	1.62
	EIRR(%)	23.60	21.67	20.04	18.63	17.41
	N(年)	10.1	10.9	11.8	12.8	14.3

第三节 风险分析及风险型方案评价

一、不确定性与风险的关系

在经济活动中,“风险”是一个被人们广泛运用的概念。说到风险,自然联想到不确定性。风险分析也往往被看作不确定性分析,与不确定性既有紧密的联系,又有区别。两者的关系可归纳为以下几个方面:

1. 不确定性是风险的起因

人们对未来事物认识的局限性、可获信息的不完备性以及未来事物本身的不确定性,使得未来经济活动的实际结果偏离预期目标,这就形成了经济活动结果的不确定性,从而使经济活动的主体可能得到高于或低于预期的效益,甚至遭受一定的损失,导致经济活动“有风险”。

2. 不确定性与风险相伴而生

正是由于不确定性是风险的起因,不确定性与风险总是相伴而生。如果不是从定义上去刻意区分,往往会将它们混为一谈。即使从理论上刻意区分,实践中这两个名词也常混合使用。

3. 不确定性与风险的区别

不确定性的结果可以优于预期,也可能低于预期,而普遍的认识是将结果可能低于预期,甚至遭受损失称为“有风险”。还可以用是否得知发生的可能性来区分不确定性与风险,即不知发生的可能性时,称之为不确定性;而已知发生的可能性,就称之为有风险。

4. 投资项目的不确定性与风险

在经济活动中,风险不以人们的意志为转移而客观地存在着,投资项目也不例外。尽管在投资项目的决策分析与评价的全过程中已尽可能对基本方案的方方面面进行了详尽的研究,但预测结果的不确定性,项目经营的将来状况会与设想状况发生偏离,项目实施后的实际结果可能与预测的基本方案结果产生偏差,有可能使实际结果低于预期,因而使投资项目面临潜在的风险。

二、风险分析

1. 风险分析在项目决策分析中的重要地位

投资项目不但要耗费大量资金、物资和人力等宝贵资源,且具有一次性和固定性的特点,一旦建成,难于更改。因此,相对于一般经济活动而言,投资项目的风险尤为值得关注。尽管如此,只要能在决策前正确地认识到相关的风险,并在实施过程中加以控制,大部分风险又是可以降低和防范的。正是基于降低和防范投资项目风险的目的,在投资项目前期工作中有必要加强风险分析。

投资项目的决策分析与评价旨在为投资决策服务。如果忽视风险的存在,仅仅依据基本方案的预期结果(如某项经济评价指标达到可接受水平)来简单决策,就有可能使项目蒙受损失(多年来项目建设的历史经验证明了这一点)。随着投融资体制改革和现代企业制度的建立,各投资主体也产生了认识风险和规避风险的主观需求。因此,在项目决策分析与评价阶段应进行风险分析,投资决策时应充分考虑风险分析的结果,项目实施和经营中应注意风险防范和控制。一方面可以避免因在决策中忽视风险的存在而蒙受损失,另一方面还可为项目全过程风险管理打下基础。

风险分析的另一个重要功能在于,它有助于通过信息反馈改善决策分析工作并提请项目各方增强风险意识,在投资决策中充分重视风险分析的结果,从而在降低投资项目风险方面起到事半功倍的效果。

2. 风险因素的识别

风险因素的识别,首先要认识和确定项目究竟可能会存在哪些风险因素,这些风险因素会给项目带来什么影响,具体原因又是什么。同时结合风险程度的估计,得知项目的主要风险因素。

风险因素的识别应注意借鉴历史经验,特别是后评价的经验。同时可运用"逆向思维"方法来审视项目,寻找可能导致项目"不可行"的因素,以充分揭示项目的风险来源。

风险识别常用的方法有:

(1)资料分析法

资料分析法指根据类似项目的历史资料寻找对项目有决定性影响的关键风险因素。

(2)专家调查法

专家调查法指根据对拟建设项目所在行业的市场需求、生产技术状况、发展趋势等的全面了解,并在专家调查、定性分析的基础上,确定关键风险因素。

(3)敏感性分析法

敏感性分析法指根据敏感性分析的结果,将那些最为敏感的因素作为关键风险因素。

3. 常见风险因素

(1)市场方面的风险因素

市场风险是竞争性项目常遇到的重要风险。它的损失主要表现为项目产品销路不畅、产品价格低迷等,以致产量和销售收入达不到预期的目标。通常市场风险主要来自三个方面:一是市场供求总量的实际情况与预测值有偏差,二是项目产品缺乏市场竞争力,三是实际价格与预测价格的偏差。

(2)技术方面的风险因素

在投资项目决策分析与评价中,虽然对拟采用技术的先进性、可靠性、适用性和可得性进行了必要的论证分析,选定了认为合适的技术,但是由于各种主观和客观原因,仍然可能会发生预想不到的问题,使投资项目遭受风险损失。对高新技术开发项目,还必须考查技术的成熟度以及技术更新速度,因此,这类项目面临的技术风险要高于一般项目。对于有些项目,技术的可得性也可能成为一种风险因素。另外,工艺技术与原料的匹配问题也是应考查的风险因素。

(3)资源方面的风险因素

在投资项目决策分析与评价阶段,虽然对地下的资源和地质结构情况有所了解,但限于技术能力的局限性,对地下情况有可能认识不足,成为项目的风险源,主要体现在以下几个方面:

①对于矿山、油气开采等资源开发项目来说,资源因素是很重要的风险因素。在投资项目决策分析与评价阶段,矿山和油气开采等项目的设计规模一般是根据国家批准的地质储量设计的。对于地质结构比较复杂的地区,加上受勘探技术、时间和资金的限制,实际储量可能会有较大的出入,致使矿山和油气开采等项目产量降低、开采成本过高或者寿命缩短,造成巨大的经济损失。

②在水资源短缺地区建设项目,或者项目本身耗水量大的情况下,对水资源风险因素应予重视。水资源风险因素可能细分为水资源勘察不明、气候不正常等因素的影响。对于某些水利项目和农业灌溉项目还可能有水资源分配问题。

③对于制造业或某些基础设施项目,外购原材料和燃料的来源存在可靠性风险问题,主要是供应量和价格两个方面,特别是对于大宗原材料和燃料,这种影响更显重要。对于大宗原材料和燃料,运输条件的保障程度也可能是风险因素之一。

(4)工程方面的风险因素

对于矿山、公路、铁路、港口、水库以及部分加工业项目,工程地质或水文地质情况十分重要,但限于技术水平有可能勘探不清,致使在项目的生产运营甚至施工中就出现问题,造成经济损失。因此,在地质情况复杂的地区,应慎重对待这方面的风险因素。

(5)投资方面的风险因素

投资项目的经济效益与投资大小密切相关。因此,投资方面的风险因素对项目至关重要。这方面的风险因素可以细分为由于工程量预计不足或设备材料价格上升导致投资估算不能满足需要,由于计划不周或外部条件等因素导致建设工期拖延,外汇汇率不利变化导致投资增加等。这其中有人为因素也有客观因素,应予仔细辨别。

(6)融资方面的风险因素

投资项目的经济效益与项目的融资成本有关,凡影响融资成本的因素都应仔细识别,例如贷款利率升高或融资结构未能如愿导致融资成本升高等。资金来源的可靠性、充足性和及时性,也是应予考虑的因素。

(7)配套条件的风险因素

投资项目需要的外部配套设施,如供水排水、供电供气、公路铁路、港口码头以及上下游配套等,在投资项目决策分析与评价中虽都作了考虑,但是实际上仍然可能存在外部配套设施没有如期落实的问题,致使投资项目不能发挥应有效益,从而带来风险。

(8)外部环境的风险因素

对于某些项目,外部环境因素也是风险因素之一,包括自然环境、经济环境和社会环境因素的影响,个别项目还涉及政策因素和政治因素,例如,向海外某些发展中国家投资的项目就应重视政治风险因素。

(9)其他风险因素

对于某些项目,还要考虑其特有的风险因素。例如,对于中外合资项目,要考虑合资对象的法人资格和资信问题,还有合作的协调性问题;对于农业投资项目,还要考虑因气侯、土壤、水利等条件的变化对收成不利影响的风险因素;等等。

4.风险评价的主要内容

尽管每一个风险都有其自身的规律和特点、影响范围和影响量,但可以通过分析,将它们的影响统一为成本目标的形式,以货币单位来度量。风险评价的主要内容包括:

(1)风险存在和发生的时间分析

风险存在和发生的时间分析即风险在项目的哪个阶段、哪个环节中发生。许多风险有明显的阶段性,有的风险直接与具体的工程活动相联系。该分析对风险的预警有很大作用。

(2)风险的影响和损失分析

风险的影响是一个非常复杂的问题,有的风险影响面较小,有的风险影响面很大,可能会引起整个工程的中断或报废。

(3)风险发生的可能性分析

研究风险自身的规律性,通常可用概率表示。

(4)风险级别分析

风险因素非常多,涉及各个方面,但人们并非对所有风险都须予以十分重视,否则会大大增加管理费用。按照风险因素对项目影响程度和风险发生的可能性大小进行划分,风险程度等级分为一般风险、较大风险、严重风险和灾难性风险。

(5)风险的起因和可控性分析

对风险起因的研究是为风险预测、对策研究、责任分析服务的。可控性分析将为对策研究提供依据。

5.风险评价的步骤

风险评价可分为以下三步。

(1)确定风险评价基准

风险评价基准就是针对每一种风险后果确定的可接受水平。单个风险和整体风险都要确定评价基准,可分别称为单个评价基准和整体评价基准。风险的可接受水平可以是绝对的,也可以是相对的。

(2)确定项目整体风险水平

项目整体风险水平是综合所有个别风险之后而确定的。

(3)判断项目风险水平

将项目单个风险水平与单个评价基准、整体风险水平与整体评价基准对比,判断项目风险是否在可接受的范围之内,进而确定该项目是否应该继续进行。

三、风险型方案评价

1.简单估计法

(1)专家评估法

专家评估法是以发函、开会或其他形式向专家进行调查,对项目风险因素及其风险程度进行评定,将多位专家的经验集中起来形成分析结论的一种方法。由于它比一般的经验识别法更具客观性,因此应用更为广泛。采用专家评估法时,所聘请的专家应熟悉该行业和所评估的风险因素,并能做到客观公正。为减少主观性,专家人数一般应有20位左右,至少10位。

(2)风险因素取值评定法

风险因素取值评定法是一种专家定量评定方法,是就风险因素的最乐观估计值、最悲观估计值和最可能值向专家进行调查,计算出期望值,再将期望值的平均值与可行性研究中所采用的数值相比较,求得两者的偏差值和偏差程度,据此判别风险程度。偏差值和偏差程度越大,风险程度越高。具体方法见表5-8。

风险因素取值评定表 表5-8

专家号	最乐观估计值 (1)	最可能值 (2)	最悲观估计值 (3)	期望值(4) [(1)+4×(2)+(3)]÷6
1				
2				
3				
4				
5				
6				
7				
8				
9				
10				
期望值平均值				
偏差值	期望平均值－可行性研究采用值			
偏差程度	偏差值/可行性研究采用值			

2.概率分析法

(1)概率分析的步骤

概率分析一般按下列步骤进行:

①选定一个或几个评价指标,通常是将内部收益率、净现值等作为评价指标。

②选定需要进行概率分析的不确定因素,通常有产品价格、销售量、主要原材料价格、投资额以及外汇汇率等。针对项目的不同情况,通过敏感性分析,选择最为敏感的因素作为概率分析的不确定因素。

③预测不确定因素变化的取值范围及概率分布。单因素概率分析,设定一个因素变化,其他因素均不变化,即只有一个自变量;多因素概率分析,设定多个因素同时变化,对多个自变量进行概率分析。

④根据测定的风险因素取值和概率分布,计算评价指标的相应取值和概率分布。

⑤计算评价指标的期望值和项目可接受的概率。

⑥分析计算结果,判断其可接受性,研究减轻和控制不利影响的措施。

(2)概率分析的方法

概率分析的方法有很多,这些方法大多是以项目经济评价指标(主要是NPV)的期望值的计算过程和计算结果为基础的。这里仅介绍项目净现值的期望值和决策树法,计算项目净现值的期望值及净现值大于或等于零时的累计概率,以判断项目承担风险的能力。

①净现值的期望值。期望值是用来描述随机变量的一个主要参数。

所谓随机变量就是这样一类变量,我们能够知道其所有可能的取值范围,也知道它取各种值的可能性,但却不能肯定它最后确切的取值。比如有一个变量 X,我们知道它的取值范围是0、1、2,也知道 X 取值0、1、2的可能性分别是0.3、0.5和0.2,但是究竟 X 取什么值却不知道,那么 X 就称为随机变量。从随机变量的概念上来理解,可以说在投资项目经济评价中所遇到的大多数变量因素,如投资额、成本、销售量、产品价格、项目寿命期等,都是随机变量。我们可以预测其未来可能的取值范围,估计各种取值或值域发生的概率,但不可能准确地预知它们取什么值。投资方案的现金流量序列是由这些因素的取值所决定的,所以方案的现金流量序列实际上也是随机变量。而以此计算出来的经济评价指标也是随机变量。项目评价中风险变量的概率有主观概率和客观概率两种。主观概率是根据人们的经验凭主观推断而获得的概率。主观概率可以通过对有经验的专家调查获得或由评价人员的经验获得。前一种方法获得的主观概率比少数评价人员确定的主观概率可信度要高一些。客观概率是在基本条件不变的前提下,对类似事件进行多次观察和试验,统计每次观察和试验的结果,最后得出各种结果发生的概率。通常,变量的概率分布有离散型概率分布、连续型概率分布。

常用的连续型概率分布有:

a. 正态分布。其特点是密度函数以均值为中心对称分布。这是一种最常用的概率分布,其均值为 $\bar{x}$,方差为 σ^2,用 $N(\bar{x},\sigma)$ 表示。当 $\bar{x}=0$,$\sigma=1$ 时,称为标准正态分布,用 $N(0,1)$ 表示。正态分布适用于描述一般经济变量的概率分布,如销售量、售价、产品成本等。

b. 三角形分布。其特点是密度函数是由最大值、最可能值和最小值构成的对称的或不对称的三角形。其适用于描述工期、投资等不对称分布的输入变量,也可用于描述产量、成本等对称分布的变量。

c. β 分布。其特点是密度函数在最大值两边不对称分布,适用于描述工期等不对称分布的变量。

d. 经验分布。其密度函数并不适用于某些标准的概率函数,可根据统计资料及主观经验估计的非标准概率分布得到,它适用于项目评价中的所有变量。

从理论上讲,要完整地描述一个随机变量,需要知道它的概率分布的类型和主要参数,但在实际应用中,这样做不仅非常困难,而且也没有必要。因为在许多情况下,我们只需要随机变量的某些特征就可以了,在这些随机变量的主要特征中,最重要也是最常用的就是期望值。

期望值是在大量重复事件中随机变量取值的平均值,换句话说,是随机变量所有可能取值的加权平均值,权重为各种可能取值出现的概率。

一般来讲,期望值的计算公式可表达为:

$$E(X)=\sum_{i=1}^{n}X_iP_i \tag{5-3}$$

式中:$E(X)$——随机变量 X 的期望值;

X_i——随机变量 X 的各种取值;

P_i——X 取值 X_i 时所对应的概率值。

根据期望值的计算式(5-3),可以很容易地推导出项目净现值的期望值计算公式:

$$E(\mathrm{NPV}) = \sum_{i=1}^{n} \mathrm{NPV}_i P_i \tag{5-4}$$

式中:$E(\mathrm{NPV})$——NPV 的期望值;

NPV_i——各种现金流量情况下的净现值;

P_i——对应于各种现金流量情况的概率值。

【例 5-3】 已知某投资方案各种因素可能出现的数值及其对应的概率,见表 5-9。假设投资发生在期初,年净现金流量均发生在各年的年末。已知标准折现率为 10%,试求其净现值的期望值。

投资方案变量因素值及其概率 表 5-9

投资额		年净收益		寿命期	
数值(万元)	概率	数值(万元)	概率	数值(年)	概率
120	0.3	20	0.25	10	1.00
150	0.5	28	0.4	—	—
175	0.2	33	0.35	—	—

解:根据各因素的取值范围,共有 9 种不同的组合状态,根据净现值的计算公式,求出各种状态的净现值及其对应的概率见表 5-10。

方案所有组合状态的概率及净现值 表 5-10

投资额(万元)	120			150			175		
年净收益(万元)	20	28	33	20	28	33	20	28	33
组合概率	0.075	0.120	0.105	0.125	0.200	0.175	0.050	0.080	0.070
净现值(万元)	2.89	52.05	82.77	-27.11	22.05	52.77	-52.11	-2.95	27.77

根据净现值的期望值计算公式,可求出:

$$\begin{aligned} E(\mathrm{NPV}) &= 2.89 \times 0.075 + 52.05 \times 0.120 + 82.77 \times 0.105 - 27.11 \times 0.125 + 22.05 \times \\ &\quad 0.200 + 52.77 \times 0.175 - 52.11 \times 0.050 - 2.95 \times 0.080 + 27.77 \times 0.070 \\ &= 24.51(\text{万元}) \end{aligned}$$

因此投资方案净现值的期望值为 24.51 万元。

净现值的期望值在概率分析中是一个非常重要的指标,在对项目进行概率分析时,一般都要计算项目净现值的期望值及净现值大于或等于零时的累计概率。累计概率越大,表明项目承担的风险越小。

【例 5-3】中净现值大于或等于零的累计概率为:

$$P(\mathrm{NPV} \geqslant 0) = 0.075 + 0.120 + 0.105 + 0.200 + 0.175 + 0.070 = 0.745$$

②决策树法。决策树法是在已知各种情况发生概率的基础上,通过构成决策树来求取净现值的期望值大于或等于零的概率,评价项目风险,判断其可行性的决策分析方法。它是直观运用概率分析的一种图解方法。决策树法特别适用于多阶段决策分析。

决策树一般由决策点、机会点、方案枝、概率枝等组成(图 5-3),其绘制方法如下:

首先确定决策点,决策点一般用“□”表示;然后从决策点引出若干条直线,代表各个备选方案,这些直线称为方案枝;方案枝后面连接一个“○”,称为机会点;从机会点画出的各条直线,称为概率枝,代表将来的不同状态,概率枝后面的数值代表不同方案在不同状态下可获得的收益值。为了便于计算,对决策树中的“□”和“○”均进行编号。编号的顺序是从左到右、从上到下。

画出决策树后,即可很容易地计算出各个方案的期望值并进行比选。下面通过实例来说明如何运用决策树法对方案进行比选。

【例 5-4】 某项目有两个备选方案 A 和 B,两个方案的寿命期均为 10 年,生产的产品也完全相同,但投资额及年净收益均不相同。方案 A 的投资额为 500 万元,其年净收益在产品销路好时为 150 万元,销路差时为 −50 万元;方案 B 的投资额为 300 万元,其年净收益在产品销路好时为 100 万元,销路差时为 10 万元。根据市场预测,在项目寿命期内,产品销路好的可能性为 70%,销路差的可能性为 30%。已知标准折现率为 10%,试根据以上资料对方案进行比选。

解:首先,画出决策树。此题中有一个决策点,两个备选方案,每个方案又面临着两种状态。由此,可画出其决策树,如图 5-3 所示。

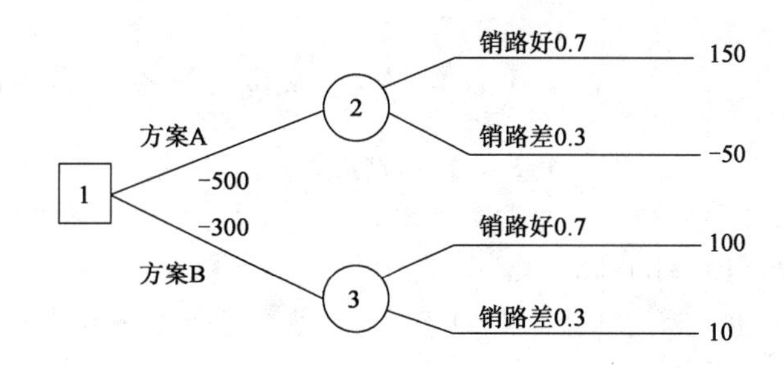

图 5-3 决策树结构图

然后,计算各个机会点的期望值:

$$机会点②的期望值 = 150 \times \frac{(1+10\%)^{10}-1}{(1+10\%)^{10}\times 10\%} \times 0.7 + (-50) \times \frac{(1+10\%)^{10}-1}{(1+10\%)^{10}\times 10\%} \times 0.3 = 533(万元)$$

$$机会点③的期望值 = 100 \times \frac{(1+10\%)^{10}-1}{(1+10\%)^{10}\times 10\%} \times 0.7 + 10 \times \frac{(1+10\%)^{10}-1}{(1+10\%)^{10}\times 10\%} \times 0.3 = 448.5(万元)$$

最后,计算各个备选方案净现值的期望值:

方案 A 的净现值的期望值 = 533 − 500 = 33(万元)

方案 B 的净现值的期望值 = 448.5 − 300 = 148.5(万元)

因此,应该优先选择方案 B。

决策树法也可用于一般的概率分析,即用于判断项目的可行性及所承担的风险的大小。

【例 5-5】 以【例 5-3】的资料为基础,用决策树法判断项目的可行性及风险大小。

解:绘出决策树图,如图 5-4 所示。

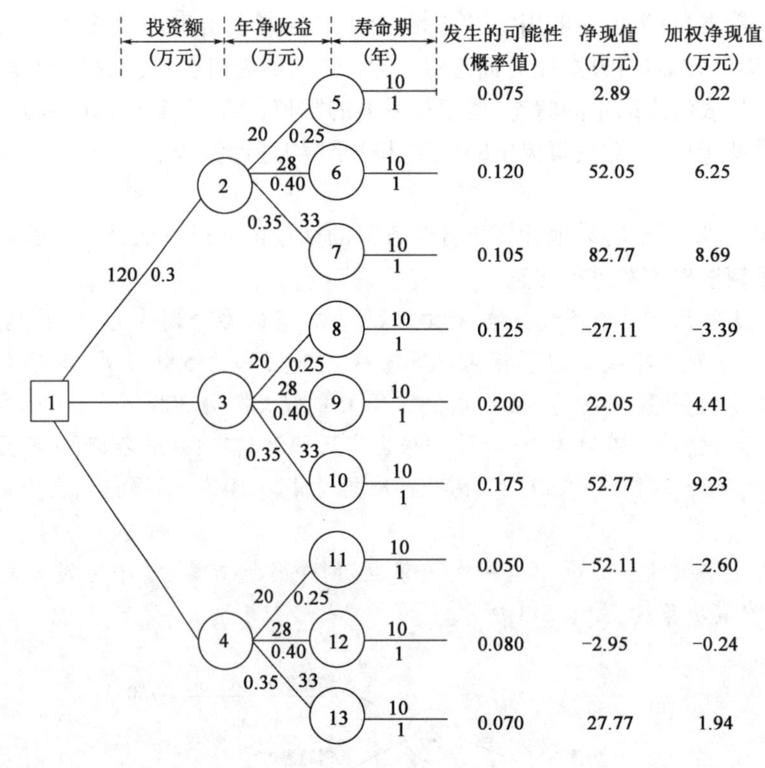

图5-4 【例5-5】决策树图

从图5-4中可求出,项目净现值的期望值为24.51万元,然后计算净现值大于或等于零的累计概率。可求出:$P(\text{NPV}\geq 0)=0.745$。

由于该项目的净现值的期望值为24.51万元,净现值大于或等于零的累计概率为0.745。说明项目风险较小,是可行的。

3.蒙特卡洛模拟法

(1)蒙特卡洛模拟法的基本概念

当项目风险变量个数多于三个,每个风险变量可能出现三个以上以至无限多种状态时(如连续随机变量),决策树分析的工作量极大,这时可以采用蒙特卡洛模拟法。蒙特卡洛法是一种模拟法或叫作统计试验法,它是通过多次模拟试验,随机选取自变量的数值来求效益指标特征值的一种方法。它的主要优点是无须复杂的数学运算,只要经过多次反复试验,便可获得评价指标的概率分布及累计概率分布、期望值、方差、标准差,计算项目由可行转变为不可行的概率,从而估计项目投资的风险。由于这种方法的试验次数很多,需要借助计算机模拟才能有效地进行。

(2)蒙特卡洛模拟法的应用步骤

①确定风险分析所采用的评价指标,如净现值、内部收益率等;

②确定对项目评价指标有重要影响的风险变量;

③经调查和专家分析,确定风险变量的概率分布;

④为各风险变量独立抽取随机数;

⑤由抽得的随机数转化为各风险变量的抽样值;

⑥根据抽得的各风险随机变量的抽样值,组成一组项目评价基础数据;

⑦根据抽样值组成的基础数据计算出评价指标值;

⑧重复第④~⑦步骤,直至预定模拟次数;

⑨整理模拟结果所得评价指标的期望值、方差、标准差及其概率分布、累计概率,绘制累计概率图;

⑩计算项目评价指标大于或等于基准值的累计概率。

(3)应用蒙特卡洛模拟法时应注意的问题

在进行蒙特卡洛模拟时,假设风险变量之间是相互独立的,在风险分析中会遇到输入变量的分解程度问题。一般而言,变量分解得越细,风险变量个数就越多,模拟结果的可靠性也就越高;变量分解程度低,变量个数少,则模拟可靠性降低,但能较快获得模拟结果。对一个具体项目,在确定风险变量分解程度时,往往与风险变量之间的相关性有关。变量分解过细会造成变量之间有相关性,例如产品销售收入与产品结构方案中各种产品数量与各种产品价格有关,而产品销售量通常与售价存在负相关的关系,各种产品的价格之间同样存在或正或负的相关关系。如果风险变量本来是相关的,模拟中将变量视为独立变量进行抽样,就可能导致错误的结论。为避免此问题,采用以下方法处理:

①限制输入变量的分解程度。例如,不同产品虽有不同价格,但如果产品结构不变,可采用平均价格。又如销量与售价之间存在相关性,则可合并销量与价格作为一个变量;但是如果销量与售价之间没有明显的相关关系,则把它们分为两个变量为好。

②限制风险变量个数。模拟中只选取对评价指标有重大影响的关键变量,除关键变量外,认为其他变量保持在期望值上。

(4)蒙特卡洛法的模拟次数

从理论上讲,模拟次数越多越正确,但实际上模拟次数过多不仅费用高,而且整理计算结果费时费力。因此,模拟次数过多也无必要,但模拟次数过少,随机数的分布就不均匀,影响模拟结果的可靠性,一般应在200~500次之间为宜。

下面通过例题来学习蒙特卡洛模拟法。

【例5-6】 假设某建设项目的净现金流量为随机变量并具有表5-11的概率分布,试求其均值。

某建设项目的净现金流量 表5-11

净现金流量(元)	10000	15000	20000	25000
概率	0.10	0.50	0.25	0.15

解:本例主要说明怎样通过蒙特卡洛模拟法来求其均值。

由表5-11可知,净现金流量采用的是两位数的概率分布,故本题使用的随机数也只需两位(两位随机数)。那么,我们取出一个随机数以后,它到底代表随机变量的哪一个值呢?这就需要我们事先根据其概率分布对此加以规定,本例中的规定见表5-12。

随 机 数 表 表5-12

净现金流量(元)	10000	15000	20000	25000
随机数	00~09	10~59	60~84	85~99

假设我们取到一个随机数“50”,则查表5-12可知,该随机数属于10～59的范围,因此,它代表的随机变量值为15000;又如我们假设取到一个随机数“00”,则查表5-12可知,它代表的随机变量的值是10000。

从随机数表中任意查取一组随机数见表5-13,根据表5-10划分的对应关系可求得各随机数所代表的随机变量的值。

从随机数表中任意查取一组随机数 表5-13

随机数	47	91	02	88	81	74	24	05	51	74
净现金流量(元)	15000	25000	10000	25000	20000	20000	15000	10000	15000	20000

表5-13相当于做了10次模拟试验,所求得净现金流量的平均值为:

$$175000/10 = 17500(\text{元})$$

该数值即为通过模拟试验所求得的均值。

如果认为上述精度不满足要求,则可进行更进一步的模拟试验,增加模拟试验次数,直到其精度满足要求为止。

【例5-7】 某项目固定资产投资为10000万元,流动资金为1000万元,项目两年建成,第三年投产,当年达产。不含增值税的年销售收入为5000万元,经营成本为2000万元,附加税及营业外支出为每年50万元,项目寿命期为12年。若固定资产投资服从悲观值为13000万元、最可能值为10000万元、乐观值为9000万元的三角形分布,年销售收入服从期望值为5000万元、$\sigma = 300$万元的正态分布,年经营成本服从期望值为2000万元、$\sigma = 100$万元的正态分布,项目要求达到的收益率为15%,试计算收益率低于15%的概率。

解:(1)以全投资税前内部收益率为项目风险分析的评价指标。

(2)固定资产投资、产品销售收入、经营成本为影响全投资税前内部收益率的关键风险变量。流动资金需要量与经营成本线性相关,不作为独立的风险变量,其值随经营成本的取值变化。

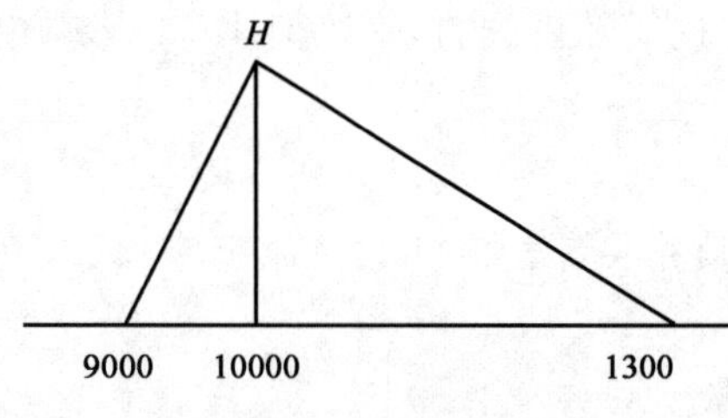

图5-5 投资三角形分布图

(3)已知投资服从三角形分布,销售收入服从$N(5000,300)$,经营成本服从$N(2000,100)$。为了便于计算,首先应获得投资三角形分布(图5-5)的累计概率表(表5-14)。

投资累计概率分布 表5-14

≤投资额	<预定投资额的面积	累计概率
三角形面积 = 4000H × 0.5		
9000	0	0
9250	$250 \times 0.25 \times 0.5H$	0.0156
9500	$500 \times 0.5 \times 0.5H$	0.0625
9750	$750 \times 0.75 \times 0.5H$	0.1406
10000	$1000 \times 0.5H = 500H$	0.25
10300	$500H + 300(H + 0.9H)/2$	0.3925

续上表

≤投资额	<预定投资额的面积	累计概率
三角形面积 $=4000H\times0.5$		
10600	$500H+600(H+0.8H)/2$	0.52
10900	$500H+900(H+0.7H)/2$	0.6325
11200	$500H+1200(H+0.6H)/2$	0.73
11500	$500H+1500(H+0.5H)/2$	0.8125
11800	$500H+1800(H+0.4H)/2$	0.88
12100	$500H+2100(H+0.3H)/2$	0.9325
12400	$500H+2400(H+0.2H)/2$	0.97
12700	$500H+2700(H+0.1H)/2$	0.9925
13000	$500H+3000H/2$	1.000

(4)对投资、销售收入、经营成本分别抽取随机数。

产生随机数的方式很多,这里采用从随机数表中抽取随机数的方法。为演示模拟过程,模拟次数定为 $k=20$,拟从随机数表中任意抽取20组随机数,见表5-15。

(5)由抽得的随机数转化为各随机变量的抽样值,这里仅说明第1组模拟数随机变量产生的方法。

①服从三角形分布或经验分布的随机变量抽样值产生方法。

根据随机数在投资累计概率表(表5-14)中查取。这里投资的第1个随机数为48867,查找累计概率0.48867所对应的投资额,从表5-14中查得投资额在10300~10600之间,通过线性内插,第1个投资抽样值为:

$$10300+300\times(48867-39250)/(52000-39250)=10526(\text{万元})$$

②服从正态分布的随机变量抽样值产生方法。

首先,从标准正态分布表(表5-15)中查找累计概率与随机数相等的数值,例如销售收入第1个随机数06242,查标准正态分布表得销售收入的随机离差在 $-1.53\sim-1.54$ 之间,线性内插值为 -1.5348。第1个销售收入抽样值为 $5000-1.5348\times300\approx4540$(万元)。

标准正态分布表 表5-15

x	0.00	0.01	0.02	0.03	0.04	0.05	0.06	0.07	0.08	0.09
0.0	0.5000	0.5040	0.5080	0.5120	0.5160	0.5199	0.5239	0.5279	0.5319	0.5359
0.1	0.5398	0.5438	0.5478	0.5517	0.5557	0.5596	0.5636	0.5675	0.5714	0.5753
0.2	0.5793	0.5832	0.5871	0.5910	0.5948	0.5987	0.6026	0.6064	0.6103	0.6141
0.3	0.6179	0.6217	0.6255	0.6293	0.6331	0.6368	0.6406	0.6443	0.6480	0.6517
0.4	0.6554	0.6591	0.6628	0.6664	0.6700	0.6736	0.6772	0.6808	0.6844	0.6879
0.5	0.6915	0.6950	0.6985	0.7019	0.7054	0.7088	0.7123	0.7157	0.7190	0.7224
0.6	0.7257	0.7291	0.7324	0.7357	0.7389	0.7422	0.7454	0.7486	0.7517	0.7549
0.7	0.7580	0.7611	0.7642	0.7673	0.7704	0.7734	0.7764	0.7794	0.7823	0.7852
0.8	0.7881	0.7910	0.7939	0.7967	0.7995	0.8023	0.8051	0.8078	0.8106	0.8133

续上表

x	0.00	0.01	0.02	0.03	0.04	0.05	0.06	0.07	0.08	0.09
0.9	0.8159	0.8186	0.8212	0.8238	0.8264	0.8289	0.8315	0.8340	0.8365	0.8389
1.0	0.8413	0.8438	0.8461	0.8485	0.8508	0.8531	0.8554	0.8577	0.8599	0.8621
1.1	0.8643	0.8665	0.8686	0.8708	0.8729	0.8749	0.8770	0.8790	0.8810	0.8830
1.2	0.8849	0.8869	0.8888	0.8907	0.8925	0.8944	0.8962	0.8980	0.8997	0.9015
1.3	0.9032	0.9049	0.9066	0.9082	0.9099	0.9115	0.9131	0.9147	0.9162	0.9177
1.4	0.9192	0.8207	0.9222	0.9236	0.9251	0.9265	0.9279	0.9292	0.9306	0.9319
1.5	0.9332	0.9345	0.9357	0.9370	0.9382	0.9394	0.9406	0.9418	0.9429	0.9441
1.6	0.9452	0.9463	0.9474	0.9484	0.9495	0.9505	0.9515	0.9525	0.9535	0.9545
1.7	0.9554	0.9564	0.9573	0.9582	0.9591	0.9599	0.9608	0.9616	0.9625	0.9633
1.8	0.9641	0.9649	0.9656	0.9664	0.9671	0.9678	0.9686	0.9693	0.9699	0.9706
1.9	0.9713	0.9719	0.9726	0.9732	0.9738	0.9744	0.9750	0.9756	0.9761	0.9767
2.0	0.9772	0.9778	0.9783	0.9788	0.9793	0.9798	0.9803	0.9808	0.9812	0.9817
2.1	0.9821	0.9826	0.9830	0.9834	0.9838	0.9842	0.9846	0.9850	0.9854	0.9857
2.2	0.9861	0.9864	0.9868	0.9871	0.9875	0.9878	0.9881	0.9884	0.9887	0.9890
2.3	0.9893	0.9896	0.9898	0.9901	0.9904	0.9906	0.9909	0.9911	0.9913	0.9916
2.4	0.9918	0.9920	0.9922	0.9925	0.9927	0.9929	0.9931	0.9932	0.9934	0.9936
2.5	0.9938	0.9940	0.9941	0.9943	0.9945	0.9946	0.9948	0.9949	0.9951	0.9952
2.6	0.9953	0.9955	0.9956	0.9957	0.9959	0.9960	0.9961	0.9962	0.9963	0.9964
2.7	0.9965	0.9966	0.9967	0.9968	0.9969	0.9970	0.9979	0.9972	0.9973	0.9974
2.8	0.9974	0.9975	0.9976	0.9977	0.9977	0.9978	0.9979	0.9979	0.9980	0.9981
2.9	0.9981	0.9982	0.9982	0.9983	0.9984	0.9984	0.9985	0.9985	0.9986	0.9986
3.0	0.9987	0.9987	0.9987	0.9988	0.9988	0.9989	0.9989	0.9989	0.9990	0.9990

同样,经营成本第一个随机数66903相应的随机变量离差为0.4328,第一个经营成本的抽样值为$2000+100\times0.4328=2043$(万元),填入表5-16。

风险变量随机抽样值　　表5-16

模拟顺序	投资		销售收入		经营成本	
	随机数	取值	随机数	取值	随机数	取值
1	48867	10526	06242	4540	66903	2043
2	32267	10153	84601	5306	31484	1952
3	27345	10049	51345	5010	61290	2029
4	55753	10700	09115	4600	72534	2057
5	93124	12093	65079	5116	39507	1973
6	98658	12621	88493	5360	66162	2042
7	68216	11053	04903	4503	63090	2033
8	17901	9839	26015	4910	48192	1995

续上表

模拟顺序	投资		销售收入		经营成本	
	随机数	取值	随机数	取值	随机数	取值
9	88124	11807	65799	5122	42039	1980
10	83464	11598	04090	4478	36293	1965
11	91310	11989	27684	4822	56420	2016
12	32739	10162	39791	4922	92710	2145
13	07751	9548	79836	5251	47929	1995
14	55228	10686	63448	5103	43793	1982
15	89013	11858	43011	4947	09746	1870
16	51828	10596	09063	4599	18988	1912
17	59783	10808	21433	4762	09549	1869
18	80267	11464	04407	4489	56646	2017
19	82919	11574	38960	4916	17226	1905
20	77017	11346	19619	4744	68855	2049

(6)根据投资、销售收入、经营成本的各20个抽样值组成20组项目评价基础数据。

(7)根据20组项目评价基础数据,编制20个计算全投资税前内部收益率的全投资现金流量,从而计算项目评价指标值。

(8)模拟结果达到预定次数后,整理模拟结果,按内部收益率从小到大的次序排列,并计算累计概率,如图5-6所示。

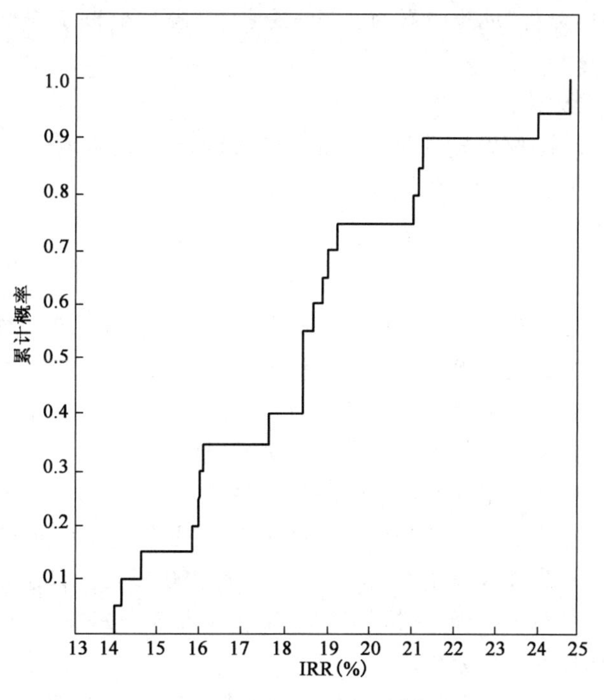

图5-6 模拟结果累计概率图

(9)从累计概率图上可知,内部收益率低于15%的概率为15%,内部收益率高于15%的概率为85%。

由于案例中模拟次数仅为20次,因此,累计概率曲线缺乏连续性和光滑性,易产生误差,当模拟次数达到200~500次时,曲线会相当光滑,模拟的可靠性将大大提高。

本章小结

通过本章的学习,学生应重点理解和掌握下列基本知识:

1. 项目决策的不确定性

不确定性是所有项目固有的内在特性。不确定性的直接后果是使方案经济效果的实际值与评价值相偏离,从而按评价值作出的经济决策带有风险,因此要进行项目投资决策的不确定性分析。

2. 敏感性分析

投资项目评价中的敏感性分析,是在不确定性分析的基础上,通过进一步分析、预测项目主要不确定因素的变化对项目评价指标(如内部收益率、净现值等)的影响,从中找出敏感因素,确定评价指标对该因素的敏感程度和项目对其变化的承受能力。投资项目财务评价和国民经济评价中都要进行敏感性分析。敏感性分析有单因素敏感性分析和多因素敏感性分析两种。

3. 风险分析

在项目决策分析与评价阶段应进行风险分析,项目实施和经营中应注意风险防范和控制。风险识别常用的方法有资料分析法、专家调查法和敏感性分析法。风险评价的主要内容包括风险存在和发生的时间分析、风险的影响和损失分析、风险发生的可能性分析、风险级别分析、风险的起因和可控性分析。

4. 风险型方案评价方法

(1)简单估计法:专家评估法、风险因素取值评定法。

(2)概率分析法:净现值的期望值、决策树法。

(3)蒙特卡洛模拟法。

1. 项目决策分析中的不确定性产生的主要原因有哪些?

2. 试述单因素敏感性分析的一般步骤。

3. 简述不确定性与风险的关系。

4. 风险因素识别的常用方法有哪些?

5. 风险型方案评价方法有哪些?

6. 某项目,初始投资为1000万元,当年建成并投产,预计可使用10年,每年销售收入700万元,年经营费用400万元。设基准折现率为10%,试分别对初始投资、年销售收入、经营成本3个不确定因素,针对财务净现值指标作敏感性分析。

7. 某项目年初投资140万元,建设期一年,项目寿命期为10年,设基准收益率为10%。经预测在生产经营期每年销售收入为80万元的概率为0.5,在此基础上年销售收入增加或减少20%的概率分别为0.3、0.2;每年经营成本为50万元的概率为0.5,增加或减少20%的概率分别为0.3和0.2。假设投资额不变,其他因素的影响忽略不计,试分析该项目的经济效果。

公路建设项目经济评价案例

熟悉公路建设项目的经济评价过程、评价内容与评价方法。

一、项目概述

某新建高速公路是国道主干线的一段。现有老路街道化里程长、技术标准低,限制了公路的通行能力。根据经济发展和交通量预测,到 2025 年,通道内小客车日交通量为:S 市段为 26907 ~ 35291 辆,X 市段为 16572 ~ 21124 辆,原有公路将不能满足日益增长的交通需求。

推荐方案建设里程为 180. 825km,路基宽 27. 5m,全线路基平均填土高 1. 9m,路基土方 1110. 4 万 m^3,平均每千米 6. 14 万 m^3,防护工程 44. 9 万 m^3,永久占地 19653. 8 亩(1 亩 =666. 6m^2),施工及取土临时占地 13180. 5 亩。

本项目计划于 2022 年 7 月开工,工期两年半,2024 年底建成通车。

二、交通量预测

交通量的预测采用"四阶段法",预测年限为公路建成后的 20 年,本项目的开通年定为 2025 年,预测的特征年为 2025 年、2030 年、2040 年和 2045 年。预测结果见表 6-1。

新建高速公路交通量预测结果表(单位:辆) 表 6-1

年份	路段 1	路段 2	路段 3	路段 4	路段 5	路段 6	路段 7	路段 8	路段 9	路段 10	路段 11	平均
2025	10093	10451	11298	15613	15466	12816	10938	10748	13345	13345	14521	12603
2030	13526	14169	16754	23204	22697	19337	16671	16596	19449	19449	21036	18444
2040	19637	19461	24650	35566	31843	26578	23200	23183	26754	26754	27326	25905
2045	22926	22612	28372	38944	34782	29126	25634	25607	28810	28810	30011	28694

三、技术标准

根据交通量预测结果，本项目推荐全线采用双向四车道高速公路标准进行建设，计算行车速度为120km/h。

四、投资估算及资金筹措

1. 投资估算

推荐方案建设里程180.825km，估算总投资44.864亿元，静态投资部分为42.685亿元，建设利息2.178亿元，平均每千米造价2481.05万元。

2. 资金筹措

本项目方案建设资金由资本金、银行贷款两部分组成。资本金按照建设总投资的35%筹措，共计15.70亿元，其中拟申请交通运输部补助，按每千米500万元计算，合计9.04亿元，其余部分由H省自筹，共计6.66元。资本金以外的建设资金采用国内商业银行贷款，共计29.161亿元，其中建设用款26.983亿元，银行年贷款利率按6.21%计，按单利计算，建设期贷款利息2.178亿元。

五、经济评价

本项目是利用国内银行贷款的项目，建设资金贷款部分需要通过收费予以偿还，故针对已提出的工程推荐方案，按照交通量预测结果，进行国民经济分析、财务分析、贷款偿还能力分析。项目的评价期包括建设期和营运期。本项目拟于2022年开工，2024年年底竣工，2025年开始通车运营，经济评价的运营期按20年计算，故评价期为23年，即2022—2044年。

1. 国民经济评价

(1)参数选择

社会折现率为12%；贸易费用率为6%；影子汇率：2018年平均外汇牌价1美元=6.6118元人民币，影子换算系数1.08。影子汇率1美元=7.1407元人民币。项目残值取工程建设费用的50%，在评价末年以负值计入经济费用。

(2)经济费用计算

①建设费用。

a. 材料的影子价格。调整后的材料影子价格见表6-2。

材料影子价格调整表 表6-2

材　料	影子价格	口岸价
原木	1906.97元/m^3	183.50美元/m^3
锯材	2283.28元/m^3	223.20美元/m^3
高强钢丝	6919.62元/t	712.32美元/t

续上表

材　料	影子价格	口岸价
水泥	478.96 元/t	32.85 美元/t
钢材	3713.56 元/t	374.09 美元/t
石油沥青	2025.86 元/t	194.46 美元/t

b. 土地的影子费用。调整后的土地影子费用见表 6-3。

单位土地影子费用(单位:元/亩)　　表 6-3

作　物	年净收益	机会成本
玉米小麦复种	740	6912
棉花	1200	11208
蔬菜	2071	19343
水果	3416	31906

注:1 亩 =666.6m^2。

c. 影子工资。本项目的实施将大量采用机械化施工,影子工资换算系数为 1.0,将投资估算中的人工费用作为劳动力的影子工资。扣除建安工程费用中的税金和其他建设费中的供电贴费等转移性支付,对本项目推荐方案投资估算进行调整,结果见表 6-4。

建设项目费用表(单位:万元)　　表 6-4

方案分项	推荐方案		
	投资估算	财务费用	经济费用
第一部分建安工程费	294003.69	294003.69	293630.51
第二部分设备购置费	12829.53	12829.53	12829.53
第三部分其他基建费	106557.52	106557.52	60142.70
预留费用	35244.67	35244.67	35244.67
合计	448635.40	448635.40	401847.41

②公路大修费用及养护管理费用。本项目大修安排在公路建成使用后的 2035 年,测算大修费用平均每千米 100 万元,年养护管理费为每千米 6 万元,年管理费用平均按每千米 15 万元计列。由于对公路建设费用进行了调整,公路的大修及养护管理费也按比例进行了调整,调整后的大修费用为 90 万元/km,养护管理费用为 5.4 万元/km,管理费用为 15 万元/km。

(3)经济效益计算

本项目计算国民经济效益时采用“有-无”比较法来确定项目经济效益。公路项目的国民经济效益指公路使用者的费用节约,主要有拟建项目和原有相关公路降低运营成本效益,旅客在途时间节约效益和拟建项目减少交通事故效益。

各特征年客车时间价值的计算见表 6-5。

旅客时间价值　表 6-5

年份	车型	时间价值(元/h)	休闲时间价值(元/h)	平均乘车人数(人)	工作出行	休闲出行	时间价值(元/h)
2025	小客车	7.29	0.73	3	0.7	0.3	16.0
	大客车	7.29	0.73	18	0.6	0.4	84.0
2030	小客车	12.50	1.88	4	0.65	0.35	35.1
	大客车	12.50	1.88	25	0.55	0.45	193.0
2040	小客车	16.67	3.33	4.5	0.6	0.4	51.0
	大客车	16.67	3.33	30	0.5	0.5	300.0
2045	小客车	17.71	4.43	4.5	0.55	0.45	52.8
	大客车	17.71	4.43	30	0.45	0.55	312.1

各级公路平均事故损失费见表 6-6。

公路平均事故损失费　表 6-6

公路等级	高速公路	一级公路	二级公路
平均事故损失费(元/次)	14000	10000	6500

(4)国民经济评价结果

国民经济评价结果汇总见表 6-7。

经济评价计算结果汇总表　表 6-7

指标	ENPV(万元)	EIRR(%)	EBCR	EN(年)
计算结果	48874	13.57	1.15	19.35

(5)敏感性分析

敏感性分析计算结果见表 6-8。

敏感性分析计算结果　表 6-8

项目指标	费用增加 5% 效益下降 5%	效益下降 10%	费用增加 10%	费用增加 10% 效益下降 10%
EBCR	1.04	1.03	1.04	0.94
ENPV(万元)	12725.52	10281.81	15169.23	-23423.21
EIRR(%)	12.4	12.3	12.5	11.3

2. 财务评价

(1)总成本估算

根据《建设项目经济评价方法和参数》(第 3 版)的有关规定,以编制投资估算总额 44.864 亿元作为财务费用进行财务评价。高速公路财务养护管理费 5.4 万元/km,财务大修费 90 万元/km,安排在 2035 年全线每年的管理费按照每千米 15 万元计算,结果见表 6-9。

运营期内营业税为 5.525%,从可分配利润累计出现正值的年份开始缴纳所得税(最长期限为 6 年),所得税按 33% 计,在税后利润中提取盈余公积金和公益金,提取比例为 15%;固定资产余值取项目总投资的 20%,其余部分采用使用期内直线折旧法计算。

总成本费用估算表(单位:万元) 表6-9

年份	1 大修及养护	2 折旧费用	3 利息支出	4 摊销开办费	5 总成本 (1+2+3+4)	6 经营成本 (5-2-3)
2025	3797	17945	16756	723	39221	4520
2026	3797	17945	16616	723	39081	4520
2027	3797	17945	16363	723	38828	4520
2028	3797	17945	15981	723	38446	4520
2029	3797	17945	15453	723	37918	4520
2030	3797	17945	14758	—	36500	3797
2031	3797	17945	13577	—	35319	3797
2032	3797	17945	12314	—	34056	3797
2033	3797	17945	10964	—	32706	3797
2034	3797	17945	9524	—	31266	3797
2035	20795	17945	7988	—	46728	20795
2036	3797	17945	6796	—	28538	3797
2037	3797	17945	4908	—	26650	3797
2038	3797	17945	2899	—	24641	3797
2039	3797	17945	764	—	22506	3797
2040	3797	17945	—	—	21742	3797
2041	3797	17945	—	—	21742	3797
2042	3797	17945	—	—	21742	3797
2043	3797	17945	—	—	21742	3797
2044	3797	17945	—	—	21742	3797

(2)收费标准

参照国家H省已有同等级公路收费标准,并结合本项目的具体情况,确定本项目各车型特征年收费标准,在此基础上,考虑预测交通量的95%作为收费交通量,计算各年度的收费额。

(3)财务盈利能力分析

财务基准折现率取全部投资的综合折算贷款利率,由前面"四、投资估算及资金筹措"所给数据计算可知全部投资的综合折算贷款利率为$26.983/44.864\times6.21\%=3.735\%$。

财务评价结果汇总见表6-10。

财务评价结果汇总表 表6-10

指标	全部投资		自有资金投资	
	税前	税后	税前	税后
内部收益率(%)	5.71	4.69	6.74	4.63
净现值(万元)	109921	48634	86613	25326
投资回收期(年)	20.50	22.19	21.31	22.58

财务损益表、全投资现金流量表(全部投资和自有资金)见表6-11～表6-13。

财务损益表(单位:万元)　表6-11

年　份	1.收费收入	2.营业税	3.总成本费用	4.利润总额	5.所得税	6.税后利润	7.提基金	8.可分配利润	9.累计可分配利润
2022	—	—	—	—	—	—	—	—	—
2023	—	—	—	—	—	—	—	—	—
2024	—	—	—	—	—	—	—	—	—
2025	24910	1376	39222	-15688	0	-15688	0	-15688	-15688
2026	26689	1476	39082	-13869	0	-13869	0	-13869	-29557
2027	28617	1581	38829	-11793	0	-11793	0	-11793	-41350
2028	30707	1679	38447	-9419	0	-9419	0	-9419	-50769
2029	32975	1822	37919	-6766	0	-6766	0	-6766	-57535
2030	40633	2245	36501	1887	623	1264	190	1074	-56461
2031	41841	2312	35320	4209	1389	2820	423	2397	-54064
2032	43089	2381	34057	6651	2195	4456	669	3787	-50277
2033	44378	2452	32707	9219	3042	6177	927	5250	-45027
2034	45710	2525	31267	11918	3922	7996	1198	6798	-38229
2035	51791	2861	46728	2202	726	1476	221	1255	-36974
2036	53356	2948	28538	21870	7217	14653	2198	12455	-24519
2037	54973	3073	26651	25249	8344	16905	2541	14364	-10155
2038	56644	3130	24642	28872	9528	19344	2902	16442	6287
2039	58370	3225	22506	32639	10771	21868	3280	18588	24875
2040	67389	3723	21743	41923	13835	28088	4213	23875	48750
2041	68801	3801	21743	43257	14275	28982	4347	24635	73385
2042	70256	3882	21743	44631	14728	29903	4485	25418	98803
2043	71755	—	—	—	—	—	—	—	—
2044	163028	—	—	—	—	—	—	—	—

全投资现金流量表(单位:万元)　表6-12

年　份	1.现金流入	2.现金流出				3.净现金流量	4.累计净现金流量	5.税前净现金流量	6.税前累计净现金流量
	营业收入	固定资产投资	经营成本	营业税	所得税				
2022	—	89727	—	—	—	-89727	-89727	-89727	-89727
2023	—	179454	—	—	—	-179454	-269181	-179454	-269181
2024	—	179454	—	—	—	-179454	-448635	-179454	-448635

续上表

年份	1. 现金流入	2. 现金流出				3. 净现金流量	4. 累计净现金流量	5. 税前净现金流量	6. 税前累计净现金流量
	营业收入	固定资产投资	经营成本	营业税	所得税				
2025	24910	—	3797	1376	0	19736	-428899	19736	-428899
2026	26689	—	3797	1476	0	21417	-407482	21417	-407482
2027	28617	—	3797	1581	0	23239	-384243	23239	-384243
2028	30707	—	3797	1679	0	25213	-359030	25213	-359030
2029	32975	—	3797	1822	0	27356	-331674	27356	-331674
2030	40633	—	3797	2245	623	33968	-297706	34590	-297084
2031	41841	—	3797	2312	1389	34343	-263363	35732	-261352
2032	43089	—	3797	2381	2195	34712	-228651	36911	-224441
2033	44378	—	3797	2452	3042	35086	-193565	38126	-186315
2034	45710	—	3797	2525	3922	35454	-158111	39387	-146928
2035	51791	—	20795	2861	726	27408	-130703	28134	-118794
2036	53356	—	3797	2948	7217	39394	-91309	46611	-72183
2037	54973	—	3797	3073	8344	39794	-51515	48138	-24045
2038	56644	—	3797	3130	9528	40186	-11329	49717	25672
2039	58370	—	3797	3225	10771	40577	29248	51348	77020
2040	67389	—	3797	3723	13835	46034	75282	59868	136888
2041	68801	—	3797	3801	14275	46928	122210	61202	198090
2042	70256	—	3797	3882	14728	47845	170055	62577	260667
2043	71755	—	3797	3964	15196	48798	218853	63994	324661
2044	163028	—	3797	4050	15678	139508	358361	155181	479842

自有资金现金流量表(单位:万元) 表6-13

年份	1. 现金流入	2. 现金流出				3. 营业税	4. 所得税	5. 净现金流量	6. 累计净现金流量
	营业收入	自有资金	借款本金偿还	借款利息支付	经营成本				
2022		31404						-31404	-31404
2023		62809						-62809	-94213
2024		62809						-62809	-157022
2025	24910		2257	16756	4521	1376	0	0	-157022

续上表

年份	1. 现金流入	2. 现金流出				3. 营业税	4. 所得税	5. 净现金流量	6. 累计净现金流量
	营业收入	自有资金	借款本金偿还	借款利息支付	经营成本				
2026	26689		4078	16616	4521	1476	0	0	-157022
2027	28617		6152	16363	4521	1581	0	0	-157022
2028	30707		8509	15981	4521	1679	0	0	-157022
2029	32975		11180	15453	4521	1822	0	0	-157022
2030	40633		19020	14758	3797	2245	623	190	-156832
2031	41841		20343	13577	3797	2312	1389	423	-156409
2032	43089		21734	12314	3797	2381	2195	669	-155740
2033	44378		23196	10964	3797	2452	3042	927	-154813
2034	45710		24733	9524	3797	2525	3922	1198	-153615
2035	51791		19199	7988	20795	2861	726	221	-153394
2036	53356		30400	6796	3797	2948	7217	2198	-151196
2037	54973		32345	4908	3797	3073	8344	2541	-148655
2038	56644		34388	2899	3797	3130	9528	2902	-145753
2039	58370		12297	764	3797	3225	10771	27516	-118237
2040	67389		0	0	3797	3723	13835	46034	-72203
2041	68801		0	0	3797	3801	14275	46928	-25275
2042	70256		0	0	3797	3882	14728	47849	22574
2043	71755		0	0	3797	3964	15196	48798	71372
2044	163028		0	0	3797	4050	15678	139503	210875

(4)财务清偿能力分析

建设期贷款利用计划列于表6-14中。

贷款使用计划表(单位:万元) 表6-14

贷款年份	2022	2023	2024	合计
建设银行贷款额(万元)	53965.93	107931.87	107931.87	269829.66
贷款利息(万元)	1675.64	6702.57	13405.14	21783.35

国内银行在建设期内需支付利息,建成运营后每年的收费除必要的管理和养护费外,全部用于偿还国内银行贷款本息。贷款能力分析见表6-15。

由表6-17可知,借款在2039年还清,借款偿还期为 $18-1+12297/36533=17.34$(年)。

(5)财务敏感性分析

财务敏感性分析结果见表6-16和表6-17。

借款偿还能力分析表(单位:万元) 表6-15

年份	借款及还本付息						资金来源		
	年初借款累计	本年借款支出	本年利息	本年还本	本年付息	本年末借款累计	利润	折旧	合计
2022	—	53966	1676	—	1676	53966	—	—	—
2023	53966	107932	6703	—	6703	161898	—	—	—
2024	161898	107932	13405	—	13405	269830	—	—	—
2025	269830	—	16756	2257	16756	267573	-15689	17945	2256
2026	267573	—	16616	4078	16616	263495	-13868	17945	4077
2027	263495	—	16363	6152	16363	257343	-11793	17945	6152
2028	257343	—	15981	8509	15981	248834	-9436	17945	8509
2029	248834	—	15453	11180	15453	237654	-6766	17945	11179
2030	237654	—	14758	19020	14758	218634	1074	17945	19019
2031	218634	—	13577	20343	13577	198292	2397	17945	20342
2032	198292	—	12314	21734	12314	176558	3788	17945	21733
2033	176558	—	10964	23196	10964	153362	5250	17945	23195
2034	153362	—	9524	24733	9524	128630	6787	17945	24732
2035	128630	—	7988	19199	7988	109431	1254	17945	19199
2036	109431	—	6796	30400	6796	79031	12455	17945	30400
2037	79031	—	4908	32345	4908	46685	14400	17945	32345
2038	46685	—	2899	34388	2899	12297	16443	17945	34388
2039	12297	—	764	12297	7640	0	18588	17945	36533
2040	0	—	0	0	0	0	23875	17945	41820
2041	0	—	0	0	0	0	24635	17945	42580
2042	0	—	0	0	0	0	25418	17945	43363
2043	0	—	0	0	0	0	26224	17945	44169
2044	0	—	0	0	0	0	27056	17945	45001

财务敏感性分析(全部投资) 表6-16

变化因数	营运收入				固定资产投资			
	税后		税前		税后		税前	
变化幅度	-5%	-10%	-5%	-10%	5%	10%	5%	10%
ENPV(万元)	17974	-12685	79261	48601	25058	1481	86344	62768
EIRR	4.09%	3.47%	5.19%	4.65%	4.21%	3.76%	5.24%	4.80%
EBCR	1.04	0.97	1.17	1.10	1.05	1.00	1.17	1.12

财务敏感性分析表(自有资金)变化因数 表6-17

变化因数	营运收入				固定资产投资			
	税后		税前		税后		税前	
变化幅度	-5%	-10%	-5%	-10%	5%	10%	5%	10%
FNPV(万元)	-5334	-35993	55953	25293	15060	4794	76347	66080
FIRR	3.54%	2.40%	5.54%	4.57%	4.25%	3.90%	6.09%	5.72%
FBCR	0.97	0.82	1.27	1.12	1.07	1.02	1.35	1.29

3. 评价结论

由国民经济评价结果显示可知,项目的经济内部收益率为13.57%,大于社会折现率12%;国民经济评价动态投资回收期为19.35年,小于项目的寿命期23年,经济净现值为48874万元,大于零;经济效益费用比1.35,大于1;敏感性分析结果可接受。故方案可行。

由财务评价结果显示可知,财务内部收益率不管是自有资金还是全部投资,不管是税前还是税后,都大于综合折算贷款利率3.735%;财务净现值大于零;动态投资回收期小于项目的寿命期;借款偿还期为17.34年;敏感性分析结果可接受。各项数据显示方案可行。

从以上指标看,财务评价和国民经济评价效益均较好,所以该项目是可以接受的。

本章小结

本章给出了公路建设项目经济评价案例,介绍了公路建设项目经济评价的思路、内容和方法。

公路建设项目经济评价包括哪些评价内容?运用了哪些方法?

公路工程设计、施工中的技术经济分析

1. 了解设计方案的经济评价原则,掌握设计方案经济评价方法,熟悉设计方案优化的途径。

2. 掌握施工组织设计经济评价方法,熟悉施工组织设计定量分析指标。

第一节 工程设计中的经济分析

工程设计方案的好坏对工程经济性影响很大。它不仅影响工程造价,而且直接关系到将来工程投入使用后运营或使用费用的高低,因此,工程设计中的经济分析十分必要。

一、设计方案评价原则

为了提高工程建设投资效果,从项目投资决策开始,到设计、施工、竣工验收,直至运营阶段,都应对多个方案进行技术经济分析,从中选出技术先进、经济合理的最佳方案。设计方案评价应遵循以下原则:

1. 设计方案必须要处理好经济合理性与技术先进性之间的关系

经济合理性要求工程造价尽可能低,如果一味地追求经济效果,可能会导致项目的功能水平偏低,无法满足使用者的要求;技术先进性追求技术的尽善尽美,项目功能水平先进,但可能会导致工程造价偏高。因此,技术先进性和经济合理性是一对矛盾,设计者应尽量处理好二者的关系。一般情况下,要在满足使用者要求的前提下,尽可能降低工程造价。但是如果资金有限,也可以在资金限制范围内,尽可能提高功能水平。

2. 设计方案必须兼顾建设与使用，考虑项目全寿命费用

在工程建设过程中，控制造价是一个非常重要的目标，但是造价水平的变化，又会影响到项目将来的使用成本。如果单纯降低造价，建造质量得不到保障，就会导致使用过程中的维修费用过高，甚至有可能发生重大事故，给社会财产和人民生命安全带来严重损害。一般情况下，项目技术水平与工程造价及使用成本之间的关系如图 7-1 所示。在设计过程中应兼顾建设过程和使用过程，力求项目全寿命费用最低。

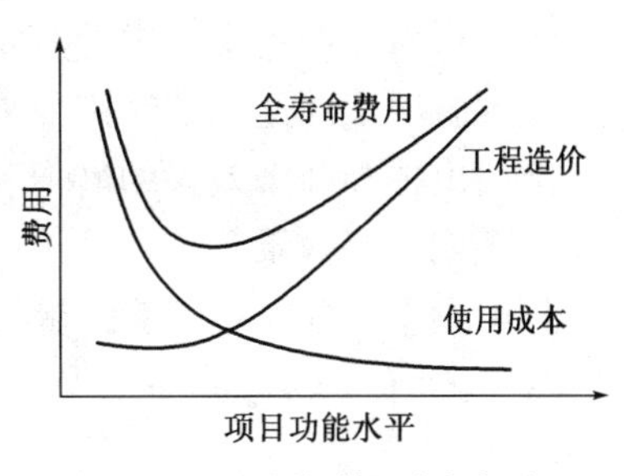

图 7-1 工程造价、使用成本与项目功能水平之间的关系

3. 设计必须兼顾近期与远期的要求

一项工程建成后，往往会在很长的时间内发挥作用。如果按照目前的要求设计工程，在不远的将来，可能会出现由于项目功能水平无法满足需要而重新建造的情况。但是如果按照未来的需要设计工程，又会出现由于功能水平过高而资源闲置浪费的现象。所以设计者要兼顾近期和远期要求，选择项目合理的功能水平，同时也要根据远景发展需要，适当留有发展余地。

二、设计方案的技术经济评价方法

设计方案技术经济评价的目的是采用科学的方法，按照工程项目经济效果评价原则，用一个或一组主要指标对设计方案的项目功能、造价、工期和设备、材料、人工消耗等方面进行定性与定量相结合的综合评价，从而择优选定技术经济效果好的设计方案。

1. 多指标评价法

多指标评价法指通过对反映建筑产品功能和耗费特点的若干技术经济指标的计算、分析、比较，评价设计方案的经济效果。它又可分为多指标对比法和多指标综合评分法。

(1)多指标对比法

多指标对比法是目前采用比较多的一种方法。它的基本特点是使用一组适用的指标体系，将对比方案的指标值列出，然后一一进行对比，根据指标值的高低分析判断方案的优劣。

利用这种方法，首先需要将指标体系中的各个指标按其在评价中的重要性，分为主要指标和辅助指标。主要指标是能够比较充分地反映工程的技术经济特点的指标，是确定工程项目经济效果的主要依据。辅助指标在技术经济分析中处于次要地位，是主要指标的补充，当主要指标不足以说明方案的技术经济效果优劣时，辅助指标就成为进一步进行技术经济分析的依据。但是要注意参选方案在功能、价格、时间、风险等方面的可比性。如果方案不完全符合对比条件，则要加以调整，使其满足对比条件后再进行对比，并在综合分析时予以说明。

这种方法的优点是：指标全面、分析确切，可通过各种技术经济指标定性或定量地直接反映方案技术经济性能的主要方面。其缺点是：不便于考虑对某一功能进行评价，不便于综合定量分析，容易出现某一方案有些指标较优，另一些指标较差，而另一方案则可能是有些指标较差，另一些指标较优。这样就会使分析工作复杂化。有时也会因方案的可比性而产生客观标准不统一的现象。因此，在进行综合分析时，要特别注意检查对比方案在使用功能和工程质量方面的差异，并分析这些差异对各指标的影响，避免导致错误结论。

通过综合分析,最后应给出如下结论:

①分析对象的主要技术经济特点及适用条件;

②现阶段实际达到的经济效果水平;

③找出提高经济效果的潜力和途径以及相应采取的主要技术措施;

④预期经济效果。

【例7-1】 某公路建设方案,分南线(方案1)、北线(方案2)两大方案,将全线分CF—FY、FY—PX和PX—JYS三段进行分段讨论,其中CF—FY段(途径XY市)方案比较见表7-1。

CF—FY段路线方案比较表 表7-1

项　目	单　位	方案1 K366+241.893~K402+150.913	方案2 K366+241.893~K402+103.457
路线长度	km	35.90902	35.861564
路基土石方	km^3	4740.922	4059.954
防护工程	m^3	215860.8	185348.8
特大桥	m/座	—	—
大、中桥	m/座	6107	902/7
小桥	m/座	544/19	469/16
涵洞	道	172	162
互通立交	处	2	2
分离立交	处	27	20
通道	道	60	53
连接线长	km^2	8.32	12.93
占用土地	亩*	2757.6	2634.18
建筑安装工程费	万元	59059.3	59113.5
优缺点		优点:①与XY市城市规划吻合;②互通接线短;③占用耕地少;④造价低。 缺点:①较方案2路线长48m;②沿线村庄较密,对群众生产生活干扰较大	优点:①较方案1路线短48m;②沿线村庄较少,对群众生产生活干扰较小。 缺点:①与XY市城市规划偏差较大;②互通接线长;③占用耕地多;④造价高

注:*1亩=666.6m^2。

(2)多指标综合评分法

多指标综合评分法是一种定量分析评价与定性分析评价相结合的方法。它是通过对需要进行分析评价的设计方案设定若干个评价指标,并按其重要程度分配权重,然后按评价标准给各指标打分,将各项指标所得分数与其权重相乘并汇总,得出各设计方案的评价总分,以总分最高的方案为最佳方案。

多指标综合评分法的计算公式为:

$$S = \sum_{i=1}^{n} S_i W_i \tag{7-1}$$

式中:S——某设计方案的总分;

S_i——某方案的评价指标 i 的评分，$i=1,2,3,\cdots$；

W_i——评价指标 i 的权重，$i=1,2,3,\cdots$。

这种方法类似于价值工程中的加权评分法，二者的区别在于：加权评分法中不将成本作为一个评价指标，而对其单独计算价值系数；多指标综合评分法则不将成本单独剔除，如果需要，成本也是一个评价指标。

【例7-2】 某桥梁工程有4个设计方案，选定评价指标为施工难度、造价、实用性、美观性四项，各指标权重及各方案的得分（10分制）见表7-2，试选择最优设计方案。计算结果见表7-2。

多指标综合评分法计算表 表7-2

评价指标	权重	方案A		方案B		方案C		方案D	
		得分	加权得分	得分	加权得分	得分	加权得分	得分	加权得分
施工难度	0.4	9	3.6	8	3.2	7	2.8	6	2.4
造价	0.2	8	1.6	7	1.4	8	1.6	9	1.8
实用性	0.3	9	2.7	7	2.1	9	2.7	8	2.4
美观性	0.1	7	0.7	9	0.9	8	0.8	9	0.9
合计		—	8.6	—	7.6	—	7.9	—	7.5

由表7-2可知方案A的加权得分最高，因此方案A最优。

这种方法的优点在于避免了多指标对比法指标间可能发生矛盾的现象，评价结果是唯一的。但是在确定权重及评分的过程中存在主观臆断成分。同时，由于分值是相对的，因而不能直接判断各方案的各项功能的实际水平。

2.静态经济评价指标

(1)投资回收期法

设计方案的比选往往是比选各方案的功能水平及成本。功能水平先进的设计方案一般所需的投资较多，方案实施过程中的效益一般也比较好。用方案实施过程中的效益回收投资，即投资回收期反映初始投资补偿速度，衡量设计方案优劣也是非常必要的。投资回收期越短的设计方案越好。

不同设计方案的比选实际上是互斥方案的比选，首先要考虑到方案的可比性问题。当相互比较的各设计方案能满足相同的需要时，则只需比较它们的投资和经营成本的大小，用差额投资回收期比较。差额投资回收期是指在不考虑时间价值的情况下，用投资大的方案比投资小的方案所节约的经营成本，回收差额投资所需要的时间，其计算公式为：

$$\Delta P_t = \frac{K_2 - K_1}{C_1 - C_2} \tag{7-2}$$

式中：ΔP_t——差额投资回收期；

K_2——方案2的投资额；

K_1——方案1的投资额，且 $K_2 > K_1$：

C_2——方案2的年经营成本；

C_1——方案1的年经营成本，且 $C_1 > C_2$。

当 $\Delta P_t > P$（基准投资回收期）时，投资大的方案优；反之，投资小的方案优。

如果两个比较方案的年业务量不同,则需将投资和经营成本转化为单位业务量的投资和成本,然后再计算差额投资回收期,进行方案比选。此时差额投资回收期的计算公式为:

$$P_t = \frac{\frac{K_2}{Q_2} - \frac{K_1}{Q_1}}{\frac{C_1}{Q_1} - \frac{C_2}{Q_2}} \tag{7-3}$$

式中:Q_1、Q_2——分别为各设计方案1和方案2的年业务量;

其他符号意义同前。

【例7-3】 某项目有两个设计方案,方案甲总投资1500万元,年经营成本400万元,年产量为1000件,方案乙总投资1000万元,年经营成本360万元,年产量为800件,基准投资回收期 $P_c = 6$ 年,试选出最优设计方案。

解:试计算各方案单位交通量的分配费用:

$$K_{甲}/Q_{甲} = 1500\text{万元}/1000\text{件} = 1.5\text{万元/件}$$

$$K_{乙}/Q_{乙} = 1000\text{万元}/800\text{件} = 1.25\text{万元/件}$$

$$C_{甲}/Q_{甲} = 400\text{万}/1000\text{件} = 0.4\text{万元/件}$$

$$C_{甲}/Q_{甲} = 400\text{万}/800 = 0.45\text{万元/件}$$

$$\Delta P_t = \frac{1.5 - 1.25}{0.45 - 0.4} = 5(\text{年})$$

$\Delta P_t < 6$ 年,所以方案甲较优。

(2)计算费用法

计算费用是指用货币表示的计算费用来反映设计方案对物化劳动和活化劳动量消耗的多少,并以此评价设计方案优劣的方法,其中计算费用最小的设计方案为最佳方案,所以计算费用法又叫最小费用法。

计算费用法是技术经济中应用非常广泛的一种方法,对多方案进行分析时,采用的计算费用法较简便,计算方式有两种,即年费用计算法和总费用计算法。

其数学表达式为:

$$C_{年} = K \times E + V \tag{7-4}$$

$$C_{总} = K + V \times t \tag{7-5}$$

式中:$C_{年}$——年计算费用;

$C_{总}$——项目总计算费用;

K——总投资额;

E——投资效果系数(它是投资回收期的倒数);

V——年生产成本;

t——投资回收期,年。

【例7-4】 某建设项目有两个设计方案,其已知条件是:

方案1:投资总额 $K_1 = 2050$ 万元,年生产成本 $V_1 = 2400$ 万元;

方案2:投资总额 $K_2 = 2800$ 万元,年生产成本 $V_2 = 2150$ 万元;

标准回收期 $t = 5$ 年,投资效果系数 $E = 0.2$,优选出最佳设计方案?

解：方案1：$C_{年} = K_1 \times E + V_1 = 2050 \times 0.2 + 2400 = 2810$（万元）

$C_{总} = K_1 + V_1 \times t = 2050 + 2400 \times 5 = 14050$（万元）

方案2：$C_{年} = K_2 \times E + V_2 = 2800 \times 0.2 + 2100 = 2660$（万元）

$C_{总} = K_2 + V_2 \times t = 2800 + 2150 \times 5 = 13550$（万元）

由以上计算结果可见，方案2的计算费用最低，所以方案2是最佳方案，从该方案可说明，它的投资为最大，但投产后生产成本最低，即投资效益最佳。

静态经济评价指标简单直观，易于接受。但是它没有考虑时间价值以及各方案寿命差异。

3. 动态经济评价指标

动态经济评价指标是考虑时间价值的指标，这部分内容在前面第三章已作了详细论述。对于寿命期相同的方案，可以采用净现值法、净年值法、差额内部收益率法等。寿命期不同的设计方案比选，可以采用净年值法、最小公倍数法。

第二节 工程施工中的经济分析

工程施工中的经济分析主要是对施工组织设计进行技术经济分析评价、比较与选择，以及对工程施工中采用新工艺、新技术作经济分析评价。

一、施工组织设计技术经济分析

施工组织设计是对工程施工活动实行科学管理的重要手段，其编制的成功与否直接影响工程经济组织管理的好坏。对施工组织设计进行技术经济分析的目的就是论证所编制的施工组织设计在技术上是否可行、在经济上是否合理，从而选择满意的方案，并寻求节约的途径。

对施工方案作技术经济分析有助于在保证质量的前提下优化施工方案，并选择满足要求的方案；对施工进度计划进行分析有助于优化进度与搭接关系、确定工期，并选择满意的施工进度计划；对施工平面图进行分析，是为了使施工平面图布置合理、方便使用，有利于节约、辅助决策；综合分析的目的在于通过分析各主要指标，评价施工组织设计的优劣，并为领导批准施工组织设计提供决策依据。

二、施工组织设计技术经济分析方法

1. 定性分析方法

定性分析法是根据经验对施工组织设计的优劣进行分析。例如，工期是否适当，可按一般规律或工期定额进行分析；选择的施工机械是否适当，主要看它能否满足使用要求、机械提供的可能性等；流水段的划分是否适当，主要看它是否给流水施工带来方便；施工平面图设计是否合理，主要看场地是否合理利用、临时设施费用是否适当。定性分析法比较方便，但不精确，不能优化，决策易受主观因素制约。

2. 定量分析方法

(1)多指标比较法

多指标比较法简便实用,使用较多,在应用时要注意应选用适当的指标,以保证指标的可比性。多指标比较法主要用于在待比较的方案中有一个方案的各项指标均优于其余的方案、优劣对比明显时的情况。如果各个方案的指标优劣不同,分析比较时要进行加工,形成单指标,然后采用下面的其他方法。

(2)评分法

评分法即组织专家对施工组织设计进行评分,采用加权计算法计算总分,高者为优。

【例7-5】 某工程的流水段划分、安全性及施工顺序安排的评分结果见表7-3。

评分法评分结果 表7-3

指标	权数	第一方案	第二方案	第三方案
流水段	0.35	95	90	85
安全性	0.30	90	93	95
施工顺序	0.35	85	95	90

第一方案的总分:

$$m_1 = 95 \times 0.35 + 90 \times 0.30 + 85 \times 0.35 = 90$$

第二方案的总分:

$$m_2 = 90 \times 0.35 + 93 \times 0.30 + 95 \times 0.35 = 92.65$$

第三方案的总分:

$$m_3 = 85 \times 0.35 + 95 \times 0.30 + 90 \times 0.35 = 89.75$$

由于第二方案分数最高,故应选择第二方案。

(3)价值法

价值法即对各方案均计算出最终价值,用价值大小评定方案的优劣。

【例7-6】 某工程所用钢材有1200个接头需要处理,可选的方法有A电渣压力焊、B帮条焊和C绑扎三种方法,采用三种方法处理一个接头所消耗的材料数量及金额见表7-4。试用价值法进行优选。

某工程所用钢材接头的不同处理方法及其用量与金额 表7-4

项目	A电渣压力焊		B帮条焊		C绑扎	
	用量	金额(元)	用量	金额(元)	用量	金额(元)
钢材	0.189kg	0.756	4.04kg	16.16	7.1kg	28.4
材料(焊药、焊条、铅丝)	0.5kg	3	1.09kg	6.54	0.022kg	0.132
人工	0.14工日	14.42	0.20工日	20.6	0.025工日	2.575
电量消耗*	2.1度	1.092	25.2度	13.104	—	—
合计	—	19.268	—	56.404	—	31.107

注:*1度=1kW·h。

解：从每个接头所消耗的价值看，A 电渣压力焊需消耗金额为 19.268 × 1200 = 23121.6 元，B 帮条焊需消耗的金额为 56.404 × 1200 = 67684.8 元，C 绑扎需消耗的金额为 31.107 × 1200 = 37328.4 元。因此，A 最省，共有 1200 个接头，可耗金额 23121.6 元，比帮条焊节省 44563.2 元，比绑扎节省 30356.4 元，故应采用电渣压力焊。

三、工期-造价、质量-造价的关系分析

在施工组织设计中，应正确处理工期、质量和造价三者之间的关系，使施工组织设计做到：在保证质量达到合同要求的前提下，工期合理，造价节约，为工程实施提供积极可靠的控制目标。

1. 工期与造价的关系

工期与造价的关系见图 7-2。

该图说明，工期与造价有着对立统一的关系。它们之间的合理关系是图中的阴影部分。当工期为 t_0时，造价最低（C_0），工期小于或大于 t_0时，造价均比 C_0高。这是因为加快工期需要增加投入，而延缓工期则会导致管理费用的提高。因此，要经过优化确定合理的工期。施工组织设计要求进度计划的工期小于定额工期及合同工期；在该工期下的造价，应小于合同造价。

2. 质量与造价的关系

工程质量与造价的关系如图 7-3 所示。

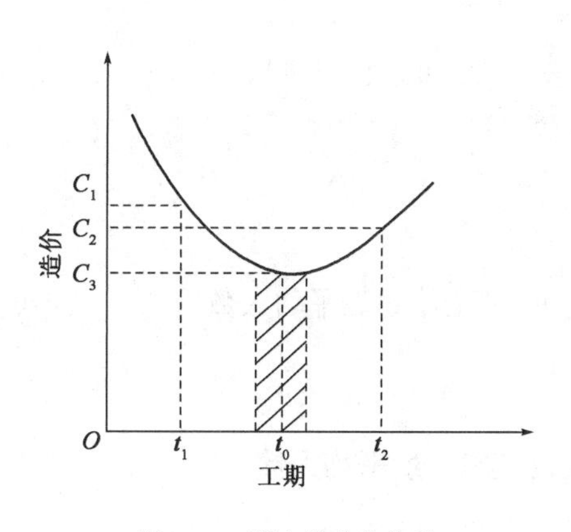

图 7-2 工期与造价的关系

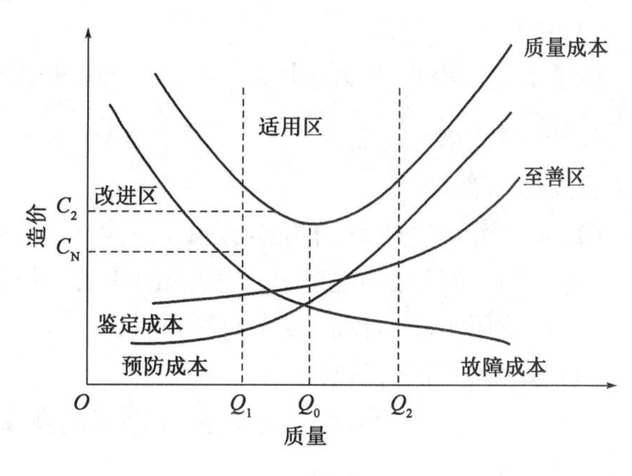

图 7-3 质量与造价的关系

图 7-3 说明，工程质量和成本之间也有着对立统一的关系。它有一个最佳点，该点的质量水平 Q_0可使造价最低（C_0），围绕该点有一个区间 $Q_1 \sim Q_2$。两虚线之间的区间称为适用区。Q_1为质量合格水平，Q_2为质量优良水平。质量水平大于 Q_2，会造成造价大幅上升，故该质量水平以右的区域称为至善区；质量水平低于 Q_1时，造价亦有所上升，该质量水平以左的区域称为改进区。在进行施工组织设计时，处理质量和造价关系的关键是降低质量成本，尤其是在改进区上下功夫。

施工组织的施工方案应使质量水平尽可能处于适用区内，质量绝不能低于 Q_1；在一般情况下也没有必要高于 Q_2。如果从提高企业信誉的角度出发或对工程质量有特别高的要求，质量水平需要高于 Q_2，处于至善区，则应做财务上的准备，较多地增加投入。鉴于目前许多企业

质量保证能力不足的实际情况,特别应在改进区中下功夫,即大力降低故障成本,避免质量水平低于 Q_1。分析施工组织设计是否可行,必须分析其保证质量的措施是否能使故障成本(含内部故障成本和外部故障成本)降低到 C_N 水平。

四、工程施工组织总设计技术经济分析

施工组织总设计是以整个建设项目为对象,根据初步设计或扩大初步设计图纸以及其他有关资料和现场施工条件编制,用以指导全工地各项施工准备和施工活动的技术经济文件。

施工组织总设计的技术经济分析以定性分析为主,以定量分析为辅。分析服务于施工组织总设计每项设计内容的决策,应避免忽视技术经济分析而盲目作出决定的倾向。进行定量分析时,主要应计算以下指标。

1. 施工周期

施工周期是指建设项目从正式工程开工到全部投产使用为止的持续时间。应计算的相关指标有:

(1)施工准备期

施工准备期指从施工准备开始到主要项目开工为止的全部时间。

(2)投产期

投产期指从主要项目开工到第一批项目投产使用为止的全部时间。

(3)单位工程工期

单位工程工期指建设群中的各单位工程从开工到竣工为止的全部时间。

2. 劳动生产率

相关指标有:

(1)全员劳动生产率:单位为元/(人·年)。

$$全员劳动生产率 = 完成的建安工作量(元)/全体职工平均人数 \tag{7-6}$$

(2)单位用工(工日/m^2竣工面积)。

(3)劳动力不均衡系数。

$$劳动力不均衡系数 = 施工期高峰人数/施工期平均人数 \tag{7-7}$$

3. 单位工程质量优良率

$$单位工程质量优良品率 = 验收鉴定被评为优良品的单位工程个数或房屋建筑竣工面积/全部验收鉴定的单位工程个数或房屋建筑竣工面积 \times 100\% \tag{7-8}$$

4. 降低成本

(1)降低成本额

$$降低成本额 = 全部承包成本 - 全部计划成本 \tag{7-9}$$

(2)降低成本率

$$降低成本率 = \frac{降低成本额}{承包成本额} \times 100\% \tag{7-10}$$

5. 安全生产指标

安全生产是指在生产经营活动中，为了避免造成人员伤害和财产损失的事故而采取相应的事故预防和控制措施，以保证从业人员的人身安全，保证生产经营活动得以顺利进行的相关活动。

安全生产三项指标是：

(1)生产安全事故数；

(2)死亡人数；

(3)直接经济损失。

6. 机械指标

(1)施工机械完好率

施工机械完好率是建筑安装企业或施工单位自有建筑机械设备中处于完好技术状况的机械设备所占的比重。

(2)施工机械利用率

施工机械利用率是从施工机械的数量、时间、能力等方面说明其利用程度的相对指标。具体为“机械设备实有台数利用率”“机械设备台日(时)利用率”“机械设备能力利用率”等指标。

7. 预制加工程度

$$\text{预制加工程度} = \frac{\text{预制加工所完成的工作量}}{\text{总工作量}} \tag{7-11}$$

8. 临时工程

(1)临时工程投资比例：

$$\text{临时工程投资比例} = \frac{\text{全部临时工程投资}}{\text{建安工程总值}} \tag{7-12}$$

(2)临时工程费用比例：

$$\text{临时工程费用比例} = \frac{\text{临时工程投资} - \text{预计回收费} + \text{租用费}}{\text{建安工程总值}} \tag{7-13}$$

9. 节约三大材百分比(施工组织设计节约量与设计概算用量比较)

(1)节约钢材百分比；

(2)节约木材百分比；

(3)节约水泥百分比。

五、单位工程施工组织设计技术经济分析

单位工程施工组织设计是以一个单位工程(一个建筑物、构筑物或一个交工系统)为编制对象，用以指导其施工全过程的各项施工活动的技术、经济和组织的综合性文件。对其进行技术经济分析需掌握以下内容。

1. 单位工程施工组织设计技术经济分析

(1)全面分析。要对施工的技术方法、组织方法及经济效果进行分析，对各种施工需要与

满足需要的可能性进行分析,对施工的具体环节及全过程进行分析。

(2)作技术经济分析时,应抓住施工方案、施工进度计划和施工平面图三大重点内容,并据此建立技术经济分析指标体系。

(3)作技术经济分析时,要灵活运用定性方法和有针对性地应用定量方法。在作定量分析时,应对主要指标、辅助指标和综合指标加以区分。

(4)技术经济分析应以设计方案的要求、有关国家规定及工程的实际需要为依据。

2.施工组织设计技术经济分析的指标体系

单位工程施工组织设计中技术经济指标应包括工期指标、劳动生产率指标、质量指标、安全指标、降低成本率、主要工程工种机械化程度、三大材料节约指标。这些指标应在施工组织设计基本完成后进行计算,并反映在施工组织设计文件中,作为考核依据。

3.主要指标的计算要求

(1)总工期指标

总工期指标是从破土动工至单位工程竣工的全部日历天数。

(2)单方用工

单方用工反映劳动的使用和消耗水平。不同建筑物的单方用工之间有可比性,其计算公式为:

$$\text{单项工程单方用工数} = \text{总用工数(工日)} / \text{建筑面积}(m^2) \tag{7-14}$$

(3)质量优良品率

质量优良品率是在施工组织设计中确定的控制目标,主要通过保证质量措施实现,可分别对单位工程、分部工程和分项工程进行确定。

(4)主要材料节约指标

对于主要材料节约指标,可分别计算主要材料节约量或主要材料节约率。

$$\text{主要材料节约量} = \text{技术组织措施节约量} \tag{7-15}$$

或

$$\text{主要材料节约量} = \text{预算用量} - \text{施工组织设计计划用量}$$

$$\text{主要材料节约率} = \frac{\text{主要材料计划节约量(元)}}{\text{主要材料预算金额(元)}} \times 100\% \tag{7-16}$$

或

$$\text{主要材料节约率} = \frac{\text{主要材料计划节约量}}{\text{主要材料预算用量}} \times 100\%$$

(5)大型机械耗用台班数及费用

$$\text{大型机械单方耗用台班数} = \frac{\text{耗用总台班(台班)}}{\text{建筑面积}(m^2)} \tag{7-17}$$

$$\text{单方大型机械费} = \frac{\text{计划大型机械台班费(元)}}{\text{建筑面积}(m^2)} \tag{7-18}$$

(6)节约工日

①节约总量:

$$\text{工日节约总量} = \text{施工图预算总量} - \text{施工组织设计用量} \tag{7-19}$$

②分工种工日节约量:

$$\text{分工种工日节约量} = \text{施工图预算某工种工日} - \text{施工组织设计某工种工日} \tag{7-20}$$

(7)降低成本指标

①降低成本额:计算方法与施工组织总设计相同。

②降低成本率:计算方法与施工组织总设计相同。

4.单位工程施工组织设计技术经济分析指标的重点

技术经济分析应围绕质量、工期、成本三个主要方面,选用某一方案的原则是在质量能达到优良的前提下,工期合理,成本节约。

对于单位工程施工组织设计的施工方案,不同的设计内容应有不同的技术经济分析重点指标。

(1)基础工程应以土方工程、现浇混凝土、打桩、排水和防水、运输进度与工期为重点。

(2)结构工程应以垂直运输机械选择、流水段划分、劳动组织、现浇钢筋混凝土支模、浇灌及运输、脚手架选择、特殊分项工程施工方案、各项技术组织措施为重点。

(3)装修阶段应以施工顺序、质量保证措施、劳动组织、分工协作配合、节约材料、技术组织措施为重点。

(4)单位工程施工组织设计的综合技术经济分析指标应以工期、质量、成本、劳动力节约、材料节约、机械台班节约为重点。

六、项目施工方案技术经济分析案例

【例7-7】 某项目混凝土总需求量为5000m³,混凝土工程施工有两种方案可供选择:方案A为现场制作,方案B为购买商品混凝土。已知商品混凝土平均单价为410元/m³,现场制作混凝土的单价计算公式为:

$$C=\frac{C_1}{Q}+\frac{C_2\times T}{Q}+C_3$$

式中:C——现场制作混凝土的单价,元/m³;

C_1——现场搅拌站一次性投资,元,本案例C_1为200000元;

C_2——搅拌站设备装置的租金和维修费(与工期有关的费用),本案例C_2为15000元/月;

C_3——在现场搅拌混凝土所需费用(与混凝土数量有关的费用),本案例C_3为320元/m³;

Q——现场制作混凝土的数量,m³;

T——工期,月。

问题:

(1)若混凝土浇筑工期不同,A、B两个方案哪个较经济?

(2)当混凝土浇筑工期为12个月时,现场制作混凝土的数量最少为多少立方米才比买商品混凝土经济?

(3)假设该工程的一根9.9m长的现浇钢筋混凝土梁可采用三种设计方案,其断面尺寸均满足强度要求。该三种方案分别采用A、B、C三种不同的现场制作混凝土,有关数据见表7-5。经测算,现场制作混凝土所需费用如下:A种混凝土为220元/m³,B种混凝土为230元/m³,C

种混凝土为225元/m^3。另外,梁侧模21.4元/m^2,梁底模24.8元/m^2;钢筋制作、绑扎为3390元/t。

试选择一种最经济的方案。

各方案基础数据表 表7-5

方案	断面尺寸(mm)	钢筋(kg/m^3混凝土)	混凝土种类
一	300×900	95	A
二	500×600	80	B
三	300×800	105	C

分析要点:

问题(1)和问题(2)都是对现场制作混凝土与购买商品混凝土的比较分析,属同一个问题的两个方面:

问题(1)的条件是混凝土的数量一定而工期不定。

问题(2)的条件是工期一定而混凝土数量不定。由现场制作混凝土的单价计算公式可知,该单价与工期成正比,即工期越长单价越高;与混凝土数量成反比,即混凝土数量越多单价越低。

问题(3)要注意的是,若背景资料仅给出模板单价(侧模与底模单价相同),在计算模板面积时,不能以梁的周长与其长度相乘,因为梁的顶面无模板。

解:(1)现场制作混凝土的单价与工期相关,当A、B两个方案的单价相等时,工期T满足以下关系:

$$\frac{200000}{5000}+\frac{15000\times T}{5000}+320=410$$

$$T=\frac{(410-320-200000/5000)}{15000}\times 5000$$

$$=16.67(\text{月})$$

由此可得到以下结论:

当工期$T=16.67$个月时,A、B两方案单价相同。

当工期$T<16.67$个月时,A方案(现场制作混凝土)比B方案(购买商品混凝土)经济。

当工期$T>16.67$个月时,B方案比A方案经济。

(2)当工期为12个月时,现场制作混凝土的最少数量计算如下:

设该最少数量为X,根据公式有

$$\frac{200000}{X}+\frac{15000\times 12}{X}+320=410$$

$$X=4222.22\text{m}^3$$

即当$T=12$个月时,现场制作混凝土的数量必须大于4222.22m^3才比购买商品混凝土经济。

(3)三种方案的费用计算见表7-6。

三种方案的费用计算 表 7-6

所需材料	各项材料参数	方案一	方案二	方案三
混凝土	工程量(m^3)	2.673	2.970	2.376
	单价(元/m^3)	220	230	225
	费用小计(元)	588.06	683.10	534.60
钢筋	工程量(kg)	253.94	237.60	249.48
	单价(元/kg)	—	3.39	—
	费用小计(元)	860.86	805.46	845.74
梁侧模板	工程量(m^2)	17.82	11.88	15.84
	单价(元/m^2)		21.4	
	费用小计(元)	381.35	254.23	338.98
梁底模板	工程量(m^2)	2.97	4.95	2.97
	单价(元/m^2)	—	24.8	—
	费用小计(元)	73.66	122.76	73.66
费用合计(元)		1903.93	1865.55	1792.98

由表 7-6 的计算结果可知,第三种方案的费用最低,为最经济的方案。

本章小结

工程设计方案的好坏对工程经济性影响很大。它不仅影响工程的造价,而且直接关系到将来工程投入使用后运营或使用费用的高低。因此,工程设计中的经济分析十分必要。设计方案应注意处理好经济合理性与技术先进性之间的关系,兼顾建设与使用,考虑项目全寿命费用,兼顾近期与远期的要求。

设计方案的技术经济评价方法有多指标评价法、静态经济评价和动态经济评价等方法,注意不同方法的适用情况,并熟悉设计方案优化的途径。

工程施工中的经济分析主要是对施工组织设计进行技术经济分析评价、比较与选择以及对工程施工中采用的新工艺、新技术作经济分析评价。应掌握工程施工组织设计经济分析的定量分析指标,并掌握评分法、价值法的应用。

1. 某地拟建一条高速公路,根据交通量需要和全寿命周期成本控制的要求,设计单位提出了 A(沥青混凝土路面)、B(水泥混凝土路面)两个方案进行比选,面层数量为 710850m^2,基层数量为 771780m^2,垫层数量为 832710m^2。为对两个方案进行深入比选,设计单位进行了认真的调查研究和分析,有关情况如下:

(1)公路通车年建设成本为沥青混凝土面层 120 元/m^2,水泥混凝土面层 85 元/m^2,路面基层 45 元/m^2,路面垫层 28 元/m^2,公路使用寿命为 100 年,预计沥青混凝土路面每 15 年大修一次,水泥混凝土路面每 10 年大修一次,大修费用按重新铺筑面层计算。

(2)旧路面挖除费用为:A 方案 4.5 元/m^2,B 方案 8.0 元/m^2。

(3)假定社会成本为:A 方案 500000 元/年,B 方案 1000000 元/年。

(4)每次大修时,将增加有关社会和经济成本:预计将减少收费收入 100 万元,增加燃油损耗、时间损失等社会成本 200 万元。

问题:假设两个方案营运养护管理成本相等,社会折现率取 5%,请从全寿命周期成本的角度,选择经济合理的方案。

2. 某公路设计有 A、B 两个方案,两条路线的交通量预测结果为日平均流量 5000 辆。假设该公路营运年限为 20 年,残值为 0,其间不进行大修,基准收益率 10%,其他数据见表 7-7,试进行方案比选。

A、B 两个方案的数据 表 7-7

项　目	方案 A	方案 B
里程(km)	20	15
初期建设投资(万元)	5000	6000
年维护运营费[万元/(km·年)]	0.8	0.9
运输时间费用节约[元/(d·辆)]	5	6

3. 现有一个挖土工程,有两个施工方案:一个是人工挖土,单价为 10 元/m^3;另一个是机械挖土,单价为 8 元/m^3,但需机械购置费 30000 元。如何选择机械?

4. 某涵洞工程管涵预制混凝土总需要量为 6000m^3,混凝土工程施工有两种方案可供选择:方案 A 为现场制作,方案 B 为购买商品混凝土。已知现场搅拌站一次性投资为 200000 元,搅拌站设备的租金及维修费为 15000 元/月,搅拌站混凝土所需的其他费用为 350 元/m^3,商品混凝土的平均单价为 440 元/m^3。问:(1)若混凝土的施工工期不同,A、B 两个方案哪一个较经济?(2)当混凝土施工工期为 14 个月时,现场制作混凝土最少为多少立方米才比购买商品混凝土经济?

5. 某项目进行施工方案设计时,为了选择确定能保证钢结构质量的焊接方法,已初选出电渣焊、埋弧焊、CO_2 焊、混合焊四种方案。根据调查资料和实践经验,已定出各评价要素的权重及方案的评分值,见表 7-8。试对焊接方案进行评选。

各评价要素的权重及方案的评分值 表 7-8

序　号	评价要素	权值(%)	方案满足程度(%)			
			电渣焊	埋弧焊	CO_2 焊	混合焊
1	焊接质量	40	80	70	40	60
2	焊接效率	10	80	70	80	70
3	焊接成本	30	80	100	100	100
4	操作难易	10	50	100	70	90
5	实现条件	10	40	100	100	100

参考文献

[1] 隽志才,等.运输技术经济学[M].4版.北京:人民交通出版社,2007.

[2] 赵维双,宋凯.技术经济学[M].北京:机械工业出版社,2015.

[3] 徐寿波.技术经济学[M].北京:经济科学出版社,2012.

[4] 何亚伯.建筑工程经济与企业管理[M].2版.武汉:武汉大学出版社,2009.

[5] 袁剑波.公路经济学教程[M].北京:人民交通出版社,2007.

[6] 袁剑波.工程费用监理[M].2版.北京:人民交通出版社,2007.

[7] 蔡成祥.公路工程经济分析[M].北京:人民交通出版社,2004.

[8] 石振武.道路经济与管理[M].北京:华中科技大学出版社,2007.

[9] 周娴.公路工程经济学[M].北京:人民交通出版社股份有限公司,2015.

[10] 徐帮学.公路工程项目可行性研究与经济评价手册·下卷[M].长春:吉林摄影出版社,1995.

[11] 国家发展改革委,建设部.建设项目经济评价方法与参数[M].3版.北京:中国计划出版社,2006.

[12] 全国造价工程师执业资格考试培训教材编审委员会.工程造价计价与控制[M].北京:中国计划出版社,2009.

[13] 全国咨询工程师(投资)职业资格考试参考教材编写委员会.项目决策分析与评价.北京:中国计划出版社,2017.

[14] 全国咨询工程师(投资)职业资格考试参考教材编写委员会.现代咨询方法与实务[M].北京:中国计划出版社,2017.

[15] 中国建设监理协会.建设工程投资控制[M].北京:中国建设工业出版社,2018.

[16] 全国造价工程师执业资格考试培训教材编审委员会.建设工程技术与计量.土建工程部分[M].北京:中国计划出版社,2017.

[17]《投资项目可行性研究报告编写范例》编写组.投资项目可行性研究报告编写范例[M].北京:中国电力出版社,2003.

[18] 廖正环.公路施工与管理[M].北京:人民交通出版社,2004.

[19] 姚玲珍,华锦阳.工程经济学[M].北京:中国建材工业出版社,2004.

[20] 李绪梅,陈烈.公路工程项目管理[M].2版.北京:人民交通出版社,2012.

[21] 陈传德,吴丽萍.施工企业经营管理[M].北京:人民交通出版社,2007.

[22] 王选仓,石勇民.高速公路管理[M].北京:人民交通出版社,2013.

[23] 付淑芳,任海萍.工程经济学[M].北京:人民交通出版社股份有限公司,2014.